日本人なら知っておきたい

日本史の授業

金谷俊一郎

祥伝社黄金文庫

はじめに

世界に類を見ない独自の歴史と文化を持つ国「ニッポン」。世界中が憧れる日本という国に生まれながら「日本のこと」を知らない日本人があまりにも多い。私が教壇やテレビ、ラジオ、各種講演会で日本の歴史を語る仕事をしようと思ったきっかけはそこにあります。せっかくの素敵なこの国のことを、この国に生まれたのだからもっと知ろうよ。その「もっと知ろう」を伝えたい……。

しかし断片的な知識の羅列では本当に知ったことにはならないし、すぐ忘れてしまいます。まずは、この国の「歴史のあらすじ」を知ることが大切です。あらすじがわかってはじめて細部がわかる。細部がわかればより楽しめる。

本書は「日本の歴史」を楽しんでもらうための入り口として、日本人として知っておきたい「日本史のあらすじ」を書いた本です。学習参考書の手法もふんだんに盛り込んで「スッと頭に入る」ように工夫に工夫を重ねました。そのため編集担当のＰＨＰ研究所の大岩央さんには、ずいぶんと無理をさせてしまいました。

本書を通じて、日本人の基礎教養としての日本の歴史を一人でも多くの方が身につけていただき、「ニッポンの良さ」を伝える日本人が一人でも多く生まれてくれればと願います。皆さん、一緒にこの「ニッポンを自慢」しましょう！

金谷俊一郎

日本人なら知っておきたい日本史の授業●目次

第6講　天武系天皇の時代──奈良時代　59

第7講　平安時代初期──9世紀前期　74

第18講 江戸時代初期の日本――17世紀 172

第19講 江戸時代中期・後期の日本――18世紀〜19世紀 183

ブックデザイン 萩原弦一郎（256）
本文図版 J－ART
YouTube「かなや放送」製作協力 朗読むすめ（上石彩蓮、近藤菜々子、曽根さとみ、田中なずな、田辺桃菜、松尾有紀、山﨑彩奈）
朗読むすめプラス（青木めぐ、島田優理子、竹内香）

旧石器・縄文・弥生時代

原始時代——旧石器時代・縄文時代・弥生時代

原始時代は3つの時期に分けることができます。

1	旧石器時代	およそ1万年前まで
2	縄文時代	紀元前4世紀頃まで
3	弥生時代	3世紀まで

1 世界最古の石器が作られた日本

旧石器時代（1万年前まで）

旧石器時代とは、人類が主に旧石器を用いていた時代のことです。ここでいう旧石器とは**打製石器**のことで、打ちかいただけの簡素な石器でした。

この時代は、**氷河《ひょうが》時代**とも呼ばれます。氷河時代には、寒冷な氷期と比較的温暖な間氷期が交互に訪れました。氷期には海面が100メートル以上も下がったため、日本列島

日本列島の変化
現在の陸地
氷河時代の陸地
野尻湖
岩宿

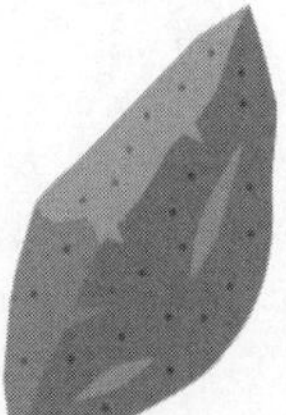
打製石斧

は大陸と陸続きになりました。

そのため、**マンモス**や**ナウマン象**といった大型動物が大陸から日本にやってきました。**長野県の野尻湖《のじりこ》遺跡**は、ナウマン象の化石がほぼ完全な形で発見されたことで有名です。

この時代の人々は、大型動物を追いかけて大陸から日本にやってきたといわれています。当時の人々は、狩猟中心の生活をしていたため、行動範囲が広くなり、獲物を求めて移住を繰り返していました。打製石器を使って狩りをし、木の実などを採集して暮らしていたのです。

当時、日本で使われていた打製石器は、刃先を研磨した局部磨製石斧《ませいせきふ》と呼ばれるものでした。日本で発見される局部磨製石斧は、現在世界で発見されている磨製石斧の中で、世界最古のものといわれています。

日本に旧石器時代が存在することを発見したのは、相沢忠洋《あいざわただひろ》という1人のアマチュアの考古学者でした。相沢は、納豆の行商をしながら遺跡の発掘をおこない、群馬県の関東ローム層から旧石器時代の遺跡を発見しました。これが**岩宿《いわじゅく》遺跡**です。

2 縄文時代（紀元前4世紀頃まで）
世界最古の土器の国 日本

今からおよそ1万年前、氷河時代が終わります。地球が温暖化して、氷河が溶け、海面が上昇します。日本は大陸と切り離され、日本列島が形成されました。**縄文時代**《じょうもん》のはじまりです。縄文時代は1万年にわたって続く長い長い時代でした。

日本が島国となり、周囲を海に囲まれるようになったため、食糧を獲得する方法として漁労が盛んになりました。このため、貝殻や魚の骨などの捨て場である**貝塚**《かいづか》が各地にみられるようになるのです。明治時代の初め頃にアメリカ人のモースが発見した東京都の**大森**《おおもり》**貝塚**などがその代表例です。

この頃になると、気候の変化にともない大型動物が絶滅してしまったため、狩猟の対象は中小動物に変わっていきます。中小動物は動きがすばしっこいため、素手《すで》で捕まえることができません。そのため、道具を使って遠くから獲物を射止める必要が生じ、**弓矢**が発明されました。

大型動物を追って移住する必要がなくなった人々は、定住生活をはじめます。**竪穴**《たてあな》**住居**で暮らすようになったのは、この頃です。

縄文時代の名称は、この頃から作られはじめた**縄文土器**に由来しています。縄目の文様が表面に施《ほどこ》された土器で、とりわけ縄文時代中期に作られた火焔《かえん》型土器は、世界的にみても新潟県とその周辺でしか作られていない独特のもので、優れた芸術性を持っています。また、日本ではおよそ1万8000年前の土器が発見されていますが、これは世界でも最古の土器の1つです。

またこの頃、人々は、自然現象や山・森・川といった自然に対して霊威《れいい》を認めるようになります。これを**アニミズム**といいます。呪術《じゅじゅつ》をおこなうことによって様々な災いを避けようと考えたのでしょうか。女性をかたどった**土偶**《どぐう》や、男性を象徴する石棒、また秋田県の大湯《おおゆ》にみられる環状列石《かんじょうれっせき》（ストーン・サークル）など、この時代の呪術的なものが、現在でも多く残されています。

3 弥生時代（3世紀まで）
集落と国のはじまり

紀元前3世紀頃になると、中国では秦《しん》や漢《かん》といった強大な統一国家が誕生しました。この過程において、中国や朝鮮《ちょうせん》では戦乱が相次いだため、多くの難民が日本に渡ってきたと考えられています。

この頃、日本国内でも新しい文化が生まれてきました。**弥生文化**《やよい》です。大陸から**水稲耕作**《すいとう》と、青銅器や鉄器といった**金属器**が伝わったことが、この文化を大きく特徴付けています。

水稲耕作は、九州北部ではじまり、間もなく西日本一帯に広まっていきます。初期の稲作は、低湿地に湿田を営み、籾《もみ》（脱穀前の米）を直接、田に蒔《ま》くやり方を用いていました。稲が実ると**石包丁**をつかって稲の穂先だけ摘み取りました。そして稲の貯蔵には**高床倉庫**《たかゆか》が用いられました。弥生時代も後期になると、乾田に田植えをして稲刈りをするという、現代に近い方法に変化します。

稲作では、整地・治水・灌漑《かんがい》などで共同作業が必要不可欠となります。そのため、まとまった地域を統一する支配者が生まれてきます。支配者が集団をまとめていくためには、強いリーダーシップが必要です。強いリーダーシップを発揮するため、支配者には統率者としての能力だけではなく、軍事的、また司祭者的な役割も求められるようになっていくのです。

また、肥沃《ひよく》な土地や余剰生産物を求めて争いが起こるようになるのもこの頃です。集落の周りを濠《ごう》でめぐらせた**環濠集落**《かんごう》や、丘陵《きゅうりょう》上に築かれた高地性集落など、軍事的性格の強い集落が営まれるようになりました。

中国の歴史書である『**漢書**《かんじょ》』**地理志**《ちりし》には、紀元前1世紀のわが国の様子が記されています。そこには、わが国は当時百余りの小国に分かれており、中国に対し、定期的に使者を送るような国もあったと記されています。

1世紀・2世紀の様子が記された『**後漢書**《ごかんじょ》』**東夷伝**《とうい》には、倭《わ》の奴国《なこく》の王が後漢の光武《こうぶ》帝に使者を送り、**金印**などを与えられたと記されています。この金印は、江戸時代に福岡県の志賀島《しかのしま》で発見されました。

3世紀になると、中国は**魏**《ぎ》・呉《ご》・蜀《しょく》に分立します。この時代を三国時代といいます。この頃、わが国には、**卑弥呼**《ひみこ》という女王が統治する**邪馬台国**《やまたいこく》を中心とした約30か国の小国連合が形成されます。卑弥呼は魏に使いを送って、「親魏倭王」の称号と金印を与えられる程の力のある女王でした。このことは『魏志《ぎし》』倭人《わじん》伝に記されています。卑弥呼の死後は、一族の女性である**壱与**《いよ》が後継者となりました。このように、当時の支配者は宗教的権威の強い支配者でした。

豆知識

邪馬台国はどこにあったか？——畿内説と九州説

邪馬台国はどこにあったか。この議論は21世紀になってもいまだに結論が出ていません。

邪馬台国のことが記された唯一の史料である『魏志』倭人伝の記述にしたがうと、邪馬台国の位置は太平洋のど真ん中ということになってしまいます。そこで、『魏志』倭人伝に書かれている内容には方角の誤りがあったとして修正したのが畿内説で、邪馬台国の記述は連続で記されたものではなく、実は伊都《いと》国から放射状に存在する国を示しているのだとして修正したのが九州説です。この論争は江戸時代からおこなわれ続けましたが、結局、いずれの説も決定打に欠けていました。

しかし、2000年頃から、邪馬台国論争は、大きく動きはじめました。奈良県にある纏向《まきむく》遺跡を邪馬台国、同じく奈良県にある箸墓《はしはか》古墳を卑弥呼の墓と想定して研究をおこなおうという動きが起こってきたのです。

2009年5月には、箸墓古墳の築造年代を西暦240～260年頃とする国立歴史民俗博物館の春成秀爾《はるなりひでじ》名誉教授の研究成果が報告されました。この年代は、卑弥呼が死去した年とほぼ一致するため、大きな話題となりましたが、土器に付着した炭化物による計測年代法は誤差が大きいということで、異論も多いのが現状です。

第02講

古墳時代とヤマト政権の成立——4〜6世紀

4世紀からは古墳時代となります。この時代も前期・中期・後期の三つの時期に分けることができます。

古墳時代

前期・中期・後期

1	4世紀	古墳時代前期	好太王碑文
2	5世紀	古墳時代中期	倭の五王
3	6世紀	古墳時代後期	

大きく分けると4世紀が前期、5世紀が中期、6世紀が後期となります。6世紀は、第3講で詳しく述べていきます。

1 古墳時代前期（4世紀）古墳の出現と朝鮮の動乱

古墳《こふん》は、支配者が自らの権威を誇示《こじ》するために建造したもので、3世紀末から4世紀にかけて出現します。

この頃の支配者は、3世紀に登場した卑弥呼や壱与のように呪術的な側面が強い支配者でした。そのため、古墳に亡骸《なきがら》と一緒に埋葬《まいそう》された副葬品には、銅鏡《どうきょう》や勾玉《まがたま》といった宗教的なものが多くみられました。また、この時期の古墳は独特の形を持つ**前方後円墳**《ぜんぽうこうえんふん》で、古墳の周りには**埴輪**《はにわ》という素焼きの焼き物がめぐらされていました。奈良県の箸墓《はしはか》古墳は、当時を代表する古墳です。

4世紀になると、中国や朝鮮半島は動乱の時期を迎えました。中国では三国時代の後、晋《しん》が国を統一していましたが、北方民族が中国北部へ侵入したため、晋は中国南部へ押しやられました。こうして、中国は南北朝時代を迎えます。

朝鮮半島では、半島西部に**百済**《くだら》、東部に**新羅**《しらぎ》が成立し、北部の**高句麗**《こうくり》とともに3か国が対立する時代を迎えます。高句麗の**好太王碑文**《こうたいおうひぶん》によると、この頃、わが国は百済と手を組んで、南下してきた高句麗と戦ったと記されています。

豆知識

『日本書紀』に記された埴輪が置かれた理由

垂仁《すいにん》天皇の弟が亡くなった際、何人かの近親者や家来が、生きながら埋められ殉死《じゅんし》させられました。しかし、彼らはなかなか死にきれず、昼も夜も泣き叫ぶ声が聞こえたため、天皇は殉死に代わる方法がないかと考えました。すると、側近の野見宿禰《のみのすくね》が「埴輪《はにわ》をその代わりにしましょう」と提案しました。と、『日本書紀』には記されていますが、実際は、供物《くもつ》用の土器が進化したと考えるのが一般的です。

2 古墳時代中期（5世紀）
政権も墓も大きくなる？

5世紀になると、**ヤマト政権**の支配が進みます。ヤマト政権とは、「**大王**《おおきみ》」という大和地方の有力豪族を中心とした連合政権のことです。ヤマト政権は5世紀には、関東から九州北部にまで支配を広げていきました。

この頃の支配者は、ヤマト政権の大王や豪族たちのように、武力によって力を持つ支配者でした。そのため、副葬品も武具や馬具といったものに変わっていきます。

また、大王や豪族の力が大きくなっていくのにともない、巨大な前方後円墳が造られるようになります。仁徳天皇陵《にんとくてんのうりょう》とされている大阪府の**大仙陵**《だいせんりょう》**古墳**などがその例です。

中国の歴史書である『宋書《そうじょ》』倭国《わこく》伝には、5世紀のヤマト政権の大王たちが「**倭の五**

王」（讃《さん》・珍《ちん》・済《せい》・興《こう》・武《ぶ》）として記されています。

当時、わが国は朝鮮半島南部に一定の影響力を持っていました。加耶《かや》（加羅《から》）と呼ばれたこの地域は、鉄資源の豊富な地域でもありました。

しかし、朝鮮半島が動乱の時代を迎えたため、加耶の権益を維持することが難しくなってきました。そこで、倭の五王と呼ばれた王たちは、中国に朝貢《ちょうこう》して、中国の皇帝から高い地位を得ることで、朝鮮半島南部における立場を有利にしようと考えたのです。

豆知識

「仁徳天皇陵」今造ったらいくらかかる？

仁徳天皇陵（大仙陵古墳）の大きさは全長486mで、10tトラックで25万台分の土が使われました。仁徳天皇陵を昔と同じ方法で今造るとしたら、工事期間は約15年、総動員数680万人、費用は796億円かかります。仮に現代の重機を使って建造したとしてもおよそ2年半かかり、20億円の費用がかかります。

3 古墳時代後期（6世紀）
群集墳と仏教・儒教の伝来

6世紀になると、古墳が、全国各地に見られるようになります。地方の有力者が山の中腹や丘陵などに、比較的小規模な古墳を造るようになるのです。これを群集墳《ぐんしゅうふん》といいます。

また、この頃には朝鮮半島や中国から様々な文化がもたらされます。百済からは五経《ごきょう》博士《はかせ》が来日して儒教《じゅきょう》を伝えたり、百済の**聖明王**《せいめいおう》によって仏教が公式に伝えられたりするのもこの頃です。

6世紀の政治については、次の講義でお話ししましょう。

第03講 大伴・物部・蘇我の時代——6世紀

古墳時代

後期

6世紀。古墳時代の後期でもあり、飛鳥《あすか》時代の最初期でもあるのが、この時期です。6世紀は大きく分けて3つの時期に分けることができます。

1	前期	継体天皇の時代
2	中期	欽明天皇の時代
3	後期	蘇我氏の時代

1 継体天皇の時代（507~531年）「天皇の時代」がやってきた

6世紀最初の天皇が、第25代の武烈《ぶれつ》天皇です。倭の五王の最後である雄略《ゆうりゃく》天皇の孫にあたります。しかし、武烈天皇は506年に亡くなってしまいます。武烈天皇は、18歳という若さで亡くなったともいわれ、後継者がいませんでした。周りを見わたしても、次期天皇候補といえる人物がまったくいない状態になってしまったのです。

そこで、天皇の重臣であった大伴金村《おおとものかなむら》は、当時、越前《えちぜん》（福井県）にいた応神《おうじん》天皇の子孫にあたる人物を天皇に立てました。これが継体《けいたい》天皇です。継体天皇は、507年に58歳で即位しました。当時としては非常に高齢での即位となります。

継体天皇は、大伴金村のお陰で天皇になれたわけです。その結果、大伴金村の力は格段に強くなります。

512年には、朝鮮半島南部にあった任那《みまな》と呼ばれる地域の一部を、朝鮮半島にあった百済という国に割譲してしまいますが、この時、大伴金村は多額の賄賂《わいろ》を手に入れたといわれています。

このように絶大な権力を持った大伴金村でしたが、彼の権力に陰りをもたらす事件が起こりました。それが527年に起こった磐井《いわい》の乱です。筑紫の豪族であった磐井が、朝鮮半島の新羅と手を組んで、ヤマト政権に反旗を翻《ひるがえ》したのです。大伴金村は、自らの家臣であった近江毛野《おうみのけぬ》を送り込みますが、敗退してしまいます。大伴氏は、読んで字のごとく「大王のお伴をする豪族」でした。つまり軍事担当の豪族というわけです。軍事担当の豪族が戦いに敗れてしまったのですから、メンツは丸つぶれです。

一方、この反乱を鎮圧したのは、物部麁鹿火《もののべのあらかひ》という人物でした。物部氏は「もののふ」、つまり武士を表す言葉で、彼らも軍事担当の豪族でした。これによって物部氏は、政権内で力を持つようになってくるのです。また、この乱をきっかけとして地方にあったヤマト政権の直轄地である屯倉《みやけ》の管理を強化することとなりました。この屯倉の管理を担当していたのが**蘇我氏《そが》**です。つまり、蘇我氏の仕事の重要性が増したことで、蘇我氏の力も強くなっていったのです。

2 蘇我氏の台頭と権力争い

欽明天皇の時代（539〜571年）

531年、継体天皇は80歳を超える高齢で亡くなります。続いて即位するのは、継体天皇の子で66歳の安閑《あんかん》天皇でした。安閑天皇はやはり高齢のため4年後に亡くなってしまいます。続いて即位するのは、同じく継体天皇の子で69歳の宣化《せんか》天皇でした。宣化天皇も高齢のため3年余りで亡くなっています。

続いて539年に即位するのが**欽明天皇《きんめい》**です。欽明天皇も継体天皇の子ですが、彼は皇后との間に生まれた子で、年齢も30歳と前の2人の天皇のように高齢ではありませんでした。この頃、次期天皇を誰にするかで、大伴・物部・蘇我の3氏の間で、大きな対立があったといわれています。諸説ありますが、継体天皇の死後、大伴金村が安閑天皇を、物部氏と蘇我氏が欽明天皇を立て、2人の天皇が並立する状態が10年程続いたのではないかと考えられています。

実際、欽明天皇に一本化された翌年、大伴金村は任那の一部を百済に割譲したことにともなう賄賂事件の罪によって失脚させられてしまいます。30年近くも前の賄賂事件で更迭《こうてつ》されるとは何とも不自然であり、この裏で、物部氏と蘇我氏の陰謀《いんぼう》が働いたのではないかと想像されます。

一方で、欽明天皇の頃に仏教が伝来しますが、この伝来した仏教を受容するか否かについて蘇我稲目《いなめ》と物部尾輿《おこし》が対立するのです。これを崇仏論争《すうぶつろんそう》といいます。

結局は、仏教を受容することとなり、仏教受容を訴えていた蘇我氏の力はさらに強大化します。また蘇我稲目は、自分の娘の堅塩媛《きたしひめ》と小姉君《おあねぎみ》を欽明天皇のもとに嫁《とつ》がせ、天皇家と姻戚《いんせき》関係を結び、さらに力をつけていくのです。

豆知識

仏教伝来　538年説と552年説があるワケ

仏教伝来は『日本書紀』には552年と記されていますが、『上宮聖徳法王帝説《じょうぐうしょうとくほうおうていせつ》』や『元興寺縁起《がんこうじえんぎ》』などにはそろって538年と記されています。

仏教が欽明天皇の時代に伝来したというのは、当時の人々にとっていわば「常識」でした。

しかし、『日本書紀』の記述は、万世一系の天皇が原則で、天皇が並立したという事実は書きたくありませんでした。「仏教は538年に伝来した」と書いてしまうと、宣化《せんか》天皇の時代に伝来したことになってしまい、天皇が2人並立していたことを認めることになってしまいます。

そこで苦肉の策として、仏教伝来を552年にしたのではないかと考えられています。

3 蘇我氏の時代（6世紀後期）
親戚ぐるみ！　蘇我氏の栄華

571年、欽明天皇が亡くなると、欽明天皇と皇后の間に生まれた敏達《びだつ》天皇が即位します。敏達天皇は、仏教の受容には積極的でなかったため、物部氏の力が再び盛り返すことになります。

585年に敏達天皇が亡くなると、用明《ようめい》天皇が即位します。用明天皇も欽明天皇の子でしたが、お母さんが蘇我稲目の娘、堅塩媛だったこともあり、仏教を受容する立場でした。これに危機感を持った物部守屋《もりや》は、欽明天皇の子の穴穂部皇子《あなほべのみこ》を次の天皇にしようと画策しはじめます。

2年後の587年、用明天皇は疱瘡《ほうそう》にかかって亡くなってしまいました。すると、次期天皇を誰にするかで物部氏と蘇我氏が衝突します。物部守屋は穴穂部皇子を、**蘇我馬子**《うまこ》は泊瀬部皇子《はつせべのみこ》を推します。泊瀬部皇子は、欽明天皇と蘇我稲目の娘の小姉君との間に生まれた子です。この対立は遂に戦乱に発展し、蘇我馬子は厩戸王《うまやど》（聖徳太子）とともに物部守屋を倒し、泊瀬部皇子を天皇に据えます。これが崇峻《すしゅん》天皇です。

しかし、崇峻天皇は、自分が天皇になっても、政治の実権は常に蘇我馬子が握っているという現状に対して、次第に不満を持つようになっていきます。これを察した馬子は、家臣に崇峻天皇の暗殺を命じ、592年崇峻天皇は暗殺されてしまうのです。

豆知識

藤原氏も真似《まね》した⁉ 蘇我氏の徹底した姻戚《いんせき》政策

蘇我氏の姻戚政策は、欽明天皇の時にはじまります。欽明天皇には石姫《いしひめ》という皇后がいましたが、蘇我稲目は自分の娘の堅塩媛と小姉君を嫁がせます。石姫からは敏達天皇くらいしか生まれませんでしたが、堅塩媛は用明天皇と推古《すいこ》天皇を産み、小姉君は崇峻天皇と穴穂部皇女を産みます。この穴穂部皇女と用明天皇との間に生まれたのが、あの厩戸王（聖徳太子）なのです。つまり厩戸王（聖徳太子）は、父方も母方も蘇我氏と血縁の深い人物ということになります。

また、蘇我馬子は自分の子と孫を、推古天皇の次に即位した舒明《じょめい》天皇に嫁がせることで、蘇我氏の基盤を盤石にしていくのです。

初期天皇家と蘇我氏の略系図

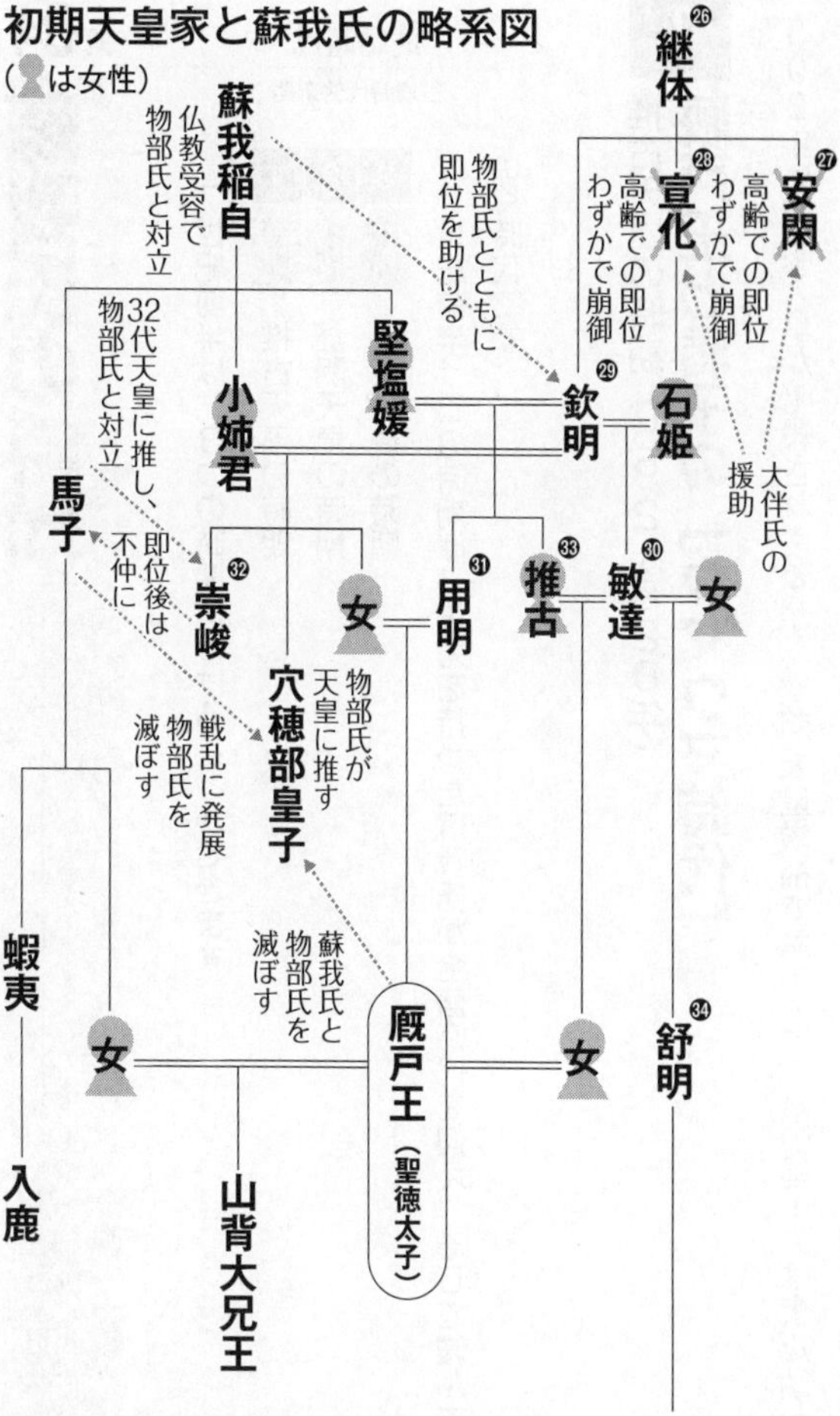

（は女性）
㉖継体
㉗安閑
高齢での即位
わずかで崩御
㉘宣化
高齢での即位
わずかで崩御
大伴氏の
援助
蘇我稲目
仏教受容で
物部氏と対立
物部氏とともに
即位を助ける
堅塩媛
小姉君
㉙欽明
石姫
32代天皇に推し、
物部氏と対立
即位後は
不仲に
馬子
㉜崇峻
女
㉛用明
㉝推古
㉚敏達
女
穴穂部皇子
物部氏が
天皇に推す
戦乱に発展
物部氏を
滅ぼす
蘇我氏と
物部氏を
滅ぼす
蝦夷
女
厩戸王
（聖徳太子）
女
㉞舒明
入鹿
山背大兄王

第04講 蘇我氏の時代――7世紀前半

7世紀前半は、3つの時期に分けることができます。

1	前期	推古天皇の時期
2	中期	舒明天皇の時期
3	後期	皇極天皇の時期

7世紀前半。この時期は、権力を持った蘇我氏が全盛時代を迎え、そして滅んでいく時代です。

飛鳥時代

古墳時代終末期

1 推古天皇の時期（592～628年）
厩戸王と馬子の「ウマウマ時代」

592年に崇峻天皇が暗殺されますが、次期天皇候補であった「竹田皇子《たけだのみこ》」はまだ幼かったため、天皇として政務をおこなうことができませんでした。そこで、竹田皇子が成人

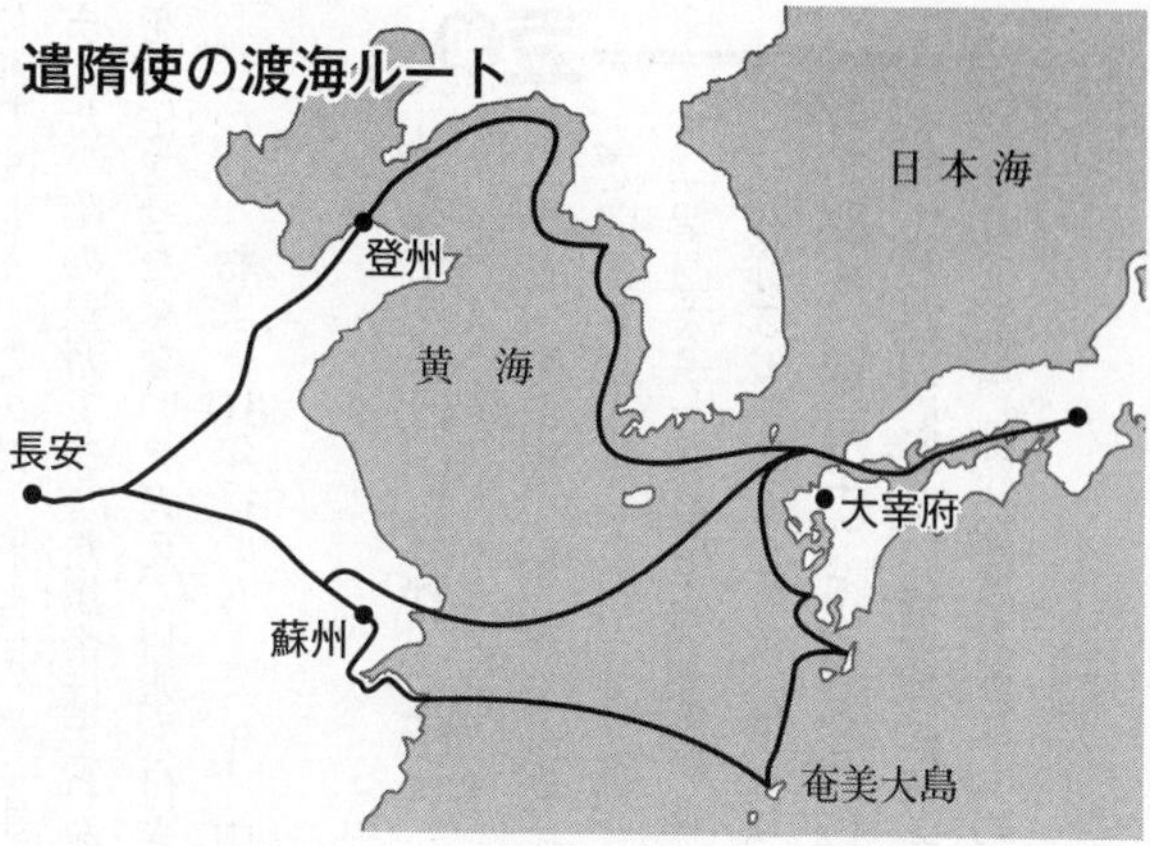

するまでの間、竹田皇子のお母さんにあたる「炊屋姫《かしきやひめ》」が、「中継ぎ」として天皇になるのです。これが**推古天皇**《すいこ》です。

推古天皇のもとで力を握っていたのが、**蘇我馬子**でした。蘇我馬子は、推古天皇の甥《おい》にあたる「**厩戸王**（聖徳太子）」らとともに政治をおこないます。

彼らのもとで制定されたのが、**冠位十二階**と**憲法十七条**です。603年の冠位十二階は、それまで一族に対して与えられていた位を、個人に与えるというものでした。604年の憲法十七条は、私たちが考えるいわゆる「憲法」ではなく、役人の心構えといったものです。

中国との外交が再開するのもこの時期です。607年に**小野妹子**《おののいもこ》が**遣隋使**《けんずいし》として**隋**

に渡りました。この時、わが国は、「中国の皇帝の子分にはならない」という立場をとりました。隋の皇帝であった煬帝《ようだい》はこれを無礼であると怒りましたが、隋はわが国との関係を悪化させたくないと考え、日本と付き合うことにしたのです。

しかし、およそ10年後の618年、中国では唐《とう》が建国され、隋は滅んでしまいます。

豆知識

聖徳太子はいなかった!?

現在、教科書において、「聖徳太子」は、「厩戸王（聖徳太子）」と記載されています。

「聖徳太子」は後世の人々がつけた「尊称《そんしょう》」で、しかも、この聖徳太子という尊称は、死後100年以上たった後につけられたものであり、彼が生きている間は、「厩戸王」という名前しか用いられていなかったのではないかという考えが有力になってきました。そのため、現在、教科書では「聖徳太子」ではなく、「厩戸王（聖徳太子）」と記されるようになっています。

2 舒明天皇の時期（629～641年）
遣唐使のはじまり

厩戸王（聖徳太子）は622年に、蘇我馬子は626年に亡くなり、推古天皇も628年に亡くなります。620年代に相次いで亡くなるわけです。

蘇我馬子が亡き後は、馬子の子にあたる**蘇我蝦夷**《えみし》が権力を握り、推古天皇の後には、舒《じょ》明《めい》天皇が即位します。

舒明天皇の頃には630年に最初の**遣唐使**が派遣され、唐とも交流を持ちました。

3 皇極天皇の時期（642～645年）
蘇我氏の独裁、そして滅亡

641年、舒明天皇が亡くなります。この時、次期天皇を誰にするかを決めようとしましたが、なかなか決まらなかったため、とりあえず「中継ぎ」として舒明天皇の奥さんを即位させます。これが皇極《こうぎょく》天皇です。

この頃、蘇我氏は、蘇我蝦夷とその息子の**蘇我入鹿**《いるか》が権力を握っていました。一方で、蘇我入鹿に反発する人々もたくさんいます。そういった人達は、厩戸王（聖徳太子）の子の山背大兄王《やましろおおえのおう》のもとに集まり、山背大兄王を次の天皇にしようと画策していました。山背大兄王が天皇になると、蘇我氏の力が弱くなってしまうと考えた蘇我入鹿は、643年、山背大兄王を攻め滅ぼしてしまいます。

この動きに反発したのが、**中大兄皇子《なかのおおえのおうじ》**です。彼の父は舒明天皇で、母は皇極天皇、両親ともに天皇の彼は、次期天皇の最有力候補となります。しかし、蘇我氏が権力を振るっている状態では、中大兄皇子の出番はありません。

645年、中大兄皇子は、**中臣鎌足《なかとみのかまたり》**らと組んで蘇我入鹿を暗殺し、蘇我蝦夷を自殺に追い込みます。これを**乙巳《いっし》の変**といいます。

豆知識

大化《たいか》の改新はなかった⁉

大化の改新とは、蘇我氏滅亡後に中大兄皇子が中心となった政治改革です。しかし、最近の研究では、本格的な政治改革がおこなわれたのは、蘇我氏滅亡からずいぶん経ってからではないかとの考え方が有力になってきました。そのため教科書には、「大化の改新」ではなく、「乙巳の変」と記されるようになりました。

4 飛鳥文化
日本最初の仏教文化はインターナショナル？

7世紀の前半、日本最初の仏教文化が生まれます。これを**飛鳥《あすか》文化**といいます。飛鳥文化は、百済《くだら》や高句麗《こうくり》といった朝鮮半島、中国、さらには西アジア、インド、ギリシアの影響も受けた国際色豊かな文化でした。

代表的な寺院としては、蘇我馬子が創建した**飛鳥寺**、厩戸王（聖徳太子）が創建したといわれる**法隆寺**（斑鳩《いかるが》寺）や四天王寺などが挙げられます。

法隆寺には、鞍作鳥《くらつくりのとり》という仏師の作といわれる釈迦三尊《しやかさんぞん》像があります。また中宮寺の半跏思惟《はんかしゆい》像のような、柔和な表情の仏像も造られました。

豆知識

実は知らない法隆寺――ここがスゴイ！

法隆寺は、現存する世界最古の木造建築物です。創建は607年ですが、670年に1度焼失しています。しかし、それ以降に焼失したという記録がないので、法隆寺は1300年以上前の木造建築物ということになります。1993（平成5）年にはユネスコの世界文化遺産にも登録されました。

法隆寺というとそんなに広いという印象がないかもしれませんが、敷地面積は意外に広く甲子園球場の5倍もあります（松並木参道を含む）。

さらに、法隆寺のスゴイ所は、国宝・重要文化財の数の多さです。およそ2300件が国宝に指定され、2300点以上の国宝や重要文化財が所蔵される寺院なのです。

ただし、「日本最古の寺院」は法隆寺ではありません。日本最古の寺院は、蘇我氏が創建した飛鳥寺とされています。法隆寺はあくまで、現存する世界最古の「木造建築物」なのです。

第05講

律令体制の成立——7世紀後半

7世紀後半。この時期は、律令《りつりょう》体制というものが形成される時期となります。

「じゃあ、律令体制って何か」というと、「律令」という法律にもとづいて、天皇が日本を統治していく、そういう政治体制のことです。

でも、いきなり律令が生まれて、律令体制ができるというわけではありません。ここでは、「どのようにして律令体制が成立していくのか」そのプロセスを学んでいきます。

7世紀後半は、大きく分けると前半と後半の2つ、細かく分けると前半が3つの時期、後半が3つの時期に分かれます。

●前半期　天智天皇（中大兄皇子）の時期

1 孝徳天皇の時期
2 斉明天皇の時期
3 天智天皇の時期

●後半期　天武天皇の一族の時期

1 天武天皇の時期
2 持統天皇（妻）の時期
3 文武天皇（孫）の時期

まず、大きく分けると、672年の壬申《じんしん》の乱の前と後で分けることができます。

壬申の乱の前は、あの乙巳の変をおこなった中大兄皇子《なかのおおえのおうじ》、後の天智《てんじ》天皇の時期です。そして、後半は、壬申の乱に勝利した天武《てんむ》天皇とその一族の時期となります。

1 孝徳天皇の時期（645~654年）
英雄？　中大兄皇子

645年（大化元）、乙巳の変により蘇我氏が滅亡しました。蘇我入鹿と蝦夷を滅ぼした中大兄皇子は、叔父にあたる孝徳《こうとく》天皇を立て、自らは皇太子となって政治改革をおこなっていきます。

646年（大化2）、「**改新《かいしん》の詔《みことのり》**」が出されたと『日本書紀』には記されています。ここで、すべての土地と人々は国家のものであるという公地公民の原則が唱えられましたが、実際のところ、乙巳の変の翌年にここまで大きな政治改革ができたのかどうかは疑問の残るところです。

中大兄皇子は、同時に、自らに権力が集中するよう、有力者を次々と滅ぼしていきます。自分の腹違いの兄で次期天皇の最有力候補であった古人大兄王《ふるひとおおえのおう》や、乙巳の変で中大兄皇子に協力した右大臣の蘇我倉山田石川麻呂《そがのくらのやまだのいしかわまろ》まで滅ぼしてしまうのです。

孝徳天皇は、654年(白雉《はくち》5)に亡くなります。中大兄皇子は、孝徳天皇の子で次期天皇の有力候補であった有間《ありま》皇子までも滅ぼし、着々と自らの権力基盤を盤石にしていったのです。

豆知識

「郡評論争」とは?

「郡《ぐん》」というのは、律令体制の頃の行政区画の名前で、「国」の下に置かれたものです。

「改新の詔」の第2条には、「国司・郡司……を置き」と記されています。しかし、奈良の藤原《ふじわら》京の跡から発見される、7世紀の木簡《もっかん》(木の札のことです)

などには、「郡」ではなく「評《こおり》」の文字が記されており、7世紀には「郡」ではなく、「評」という行政区画が用いられていたというのが通説になっています。

では、「改新の詔」に、当時は用いられていなかった「郡」の文字があるのはなぜでしょうか。この謎から、「改新の詔」は、後世の創作であるとする説や、後の人が実際の「改新の詔」を、国家の都合のよいように書き換えたという説が生まれてくるのです。

2 斉明天皇の時期（655〜661年）朝鮮半島への出兵と渡来人

孝徳天皇が亡くなると、中大兄皇子は、自分の思い通りになる人物として、とうとう自分のお母さんを即位させます。それが斉明《さいめい》天皇です。この斉明天皇、実ははじめての登場ではありません。彼女は、乙巳の変が起こった際、皇極天皇だった人物なのです。このように同じ人が2度天皇になることを「重祚《ちょうそ》」といいます。女帝で、しかも重祚という異例づくしの天皇誕生というわけです。

7世紀中頃の
朝鮮半島
（○は各国首都）
卒本城
国内城
高句麗
平壌城
（平壌）
慰礼城／漢城
（ソウル）
仁川
熊津
泗沘
（扶余）
新羅
白村江
金城
百済
金官京

この頃、朝鮮半島は激動の時代を迎えていました。660年には、新羅という国が唐と手を組んで、**百済**を滅ぼしてしまいます。その時、百済の王族であった鬼室福信《きしつふくしん》という人物が、日本に対して百済の救援を求めてきたのです。

これに対して斉明天皇は、百済救援軍の派遣を決定し、斉明天皇自らも、援軍とともに九州に赴きます。しかし、斉明天皇は高齢だったため（当時68歳）、九州の地で亡くなってしまいます。

天皇が亡くなると、皇太子であった中大兄皇子は、天皇に即位することなく政務を執《と》りました。このように天皇に即位することなく政務を執ることを「称制《しょうせい》」といいます。

663年、百済救援軍は、**白村江《はくすきのえ》の戦い**で唐・新羅の水軍に敗北します。その際、多くの百済の人々が日本に亡命し、帰化したといわれています。ちなみに、朝鮮半島はその後、**新羅**が統一することになります。

一豆知識

朝鮮半島の統一国家は3つしかなかった

朝鮮半島は、有史以来、統一国家は3つしか存在していません。7世紀に朝鮮半島を統一した新羅《しらぎ》、10世紀に新羅を滅ぼした高麗《こうらい》、そして14世紀に高麗を滅ぼした朝鮮《ちょうせん》。それ以降は1910（明治43）年に日本の韓国支配がはじまり、第二次世界大戦後、朝鮮半島は南北に分断されました。ですから、朝鮮の統一国家は、比較的覚えやすいといえます。

3 天智天皇の時期（668〜671年）
日本国争乱

白村江の戦いの後、中大兄皇子は都を飛鳥から近江の大津宮《おおつのみや》に移し、668年正式に即位します。**天智天皇**《てんじ》の誕生です。

天智天皇のもと、中臣鎌足《なかとみのかまたり》らは、わが国最初の令《りょう》、つまり体系的な法律である近江令の制定に着手し、670年には初の全国的な戸籍、**庚午年籍**《こうごねんじゃく》が作成されました。

しかし天智天皇は、即位してわずか3年後の671年に亡くなってしまいます。その翌672年、皇位継承争いである**壬申の乱**《じんしん》が起こるのです。

豆知識

壬申の乱

皇位継承争いは、天智天皇の子の大友《おおとも》皇子と、天智天皇の弟の大海人《おおあま》皇子との間で勃発しました。天智天皇の独裁政治に反発する人たちが、吉野《よしの》にいた大海人皇子のもとに集結したのです。大海人皇子は吉野で挙兵し、東国の兵を集め、反乱に成功したのです。

4 天武天皇の時期（673〜686年）
日本の「形」ができはじめた

大海人皇子は、都を近江から再び飛鳥に戻し、673年飛鳥浄御原宮《あすかきよみはらのみや》で**天武天皇**《てんむ》となります。

天武天皇は、大臣を置かずに、皇族を中心とした政治をおこなうため、**八色《やくさ》の姓《かばね》**を定めます。これは皇族出身者を中心とした身分制度です。このような皇族中心の政治を皇親《こうしん》政治といいます。皇親政治は、奈良時代中期、聖武《しょうむ》天皇の頃まで続きます。

また、律令や「国家の歴史書」の編纂に着手したのも天武天皇です。ここでいう「国家の歴史書」が、奈良時代に『古事記』や『日本書紀』という形で完成します。

つまり天武天皇により、律令国家への道が一気に加速するというわけです。「日本」という国号や「天皇」という呼び名も、この頃に決まったといわれています。

5 律令体制の完成と女帝

持統天皇の時期（686〜697年）

686（朱鳥《しゅちょう》元）年、天武天皇が亡くなります。次期天皇候補は2人いました。天武天皇の子で、聡明《そうめい》と名高い大津《おおつ》皇子と、同じく天武天皇の子である草壁《くさかべの》皇子《みこ》です。この2人のうち、皇太子の地位にあったのは草壁皇子でした。なぜ聡明な大津皇子ではなく、草壁皇子が皇太子の地位に就いたのでしょうか。これは、草壁皇子のお母さんが天武天皇の皇后であった「鸕野讃良《うののさらら》」だったためです。大津皇子のお母さんは、皇后ではありませんでした。

大津皇子は、天武天皇の死の直後、自らが天皇になろうと謀反《むほん》を起こしたとされ、捕らえられ、自害させられます。もしかしたら、これは自分の息子を天皇にしたいという皇后鸕野讃良の陰謀だったのかもしれません。

これでめでたく草壁皇子が即位できたかというとそうはいきません。草壁皇子は、天武天皇の葬儀中に病に倒れて亡くなってしまったのです。

鸕野讃良は、草壁皇子の子で、自分の孫にあたる軽皇子《かるのみこ》に皇位を継承させようと考えますが、軽皇子は当時まだ7歳だったため、天皇として政務を執ることはできません。そこで、軽皇子が成人するまでのつなぎとして、鸕野讃良自身が天皇になるのです。これが持統《じとう》天皇です。

持統天皇は、天武天皇が着手した飛鳥浄御原令を施行し、694年には、唐にならった本格的な都城である**藤原京**《ふじわら》に遷都しました。

6 文武天皇の時期（697～707年）
操り人形となった少年天皇

697年、持統天皇の孫の軽皇子が15歳になると、持統天皇は軽皇子に譲位《じょうい》します。文武天皇の誕生です。わずか15歳の天皇誕生ということで、持統天皇が、史上初の太上《だじょう》天皇となって天皇を補佐します。太上天皇とは、譲位後の天皇の呼び名です。院政の時代には「上皇《じょうこう》」という名称が出てきますが、これは太上天皇の略称です。

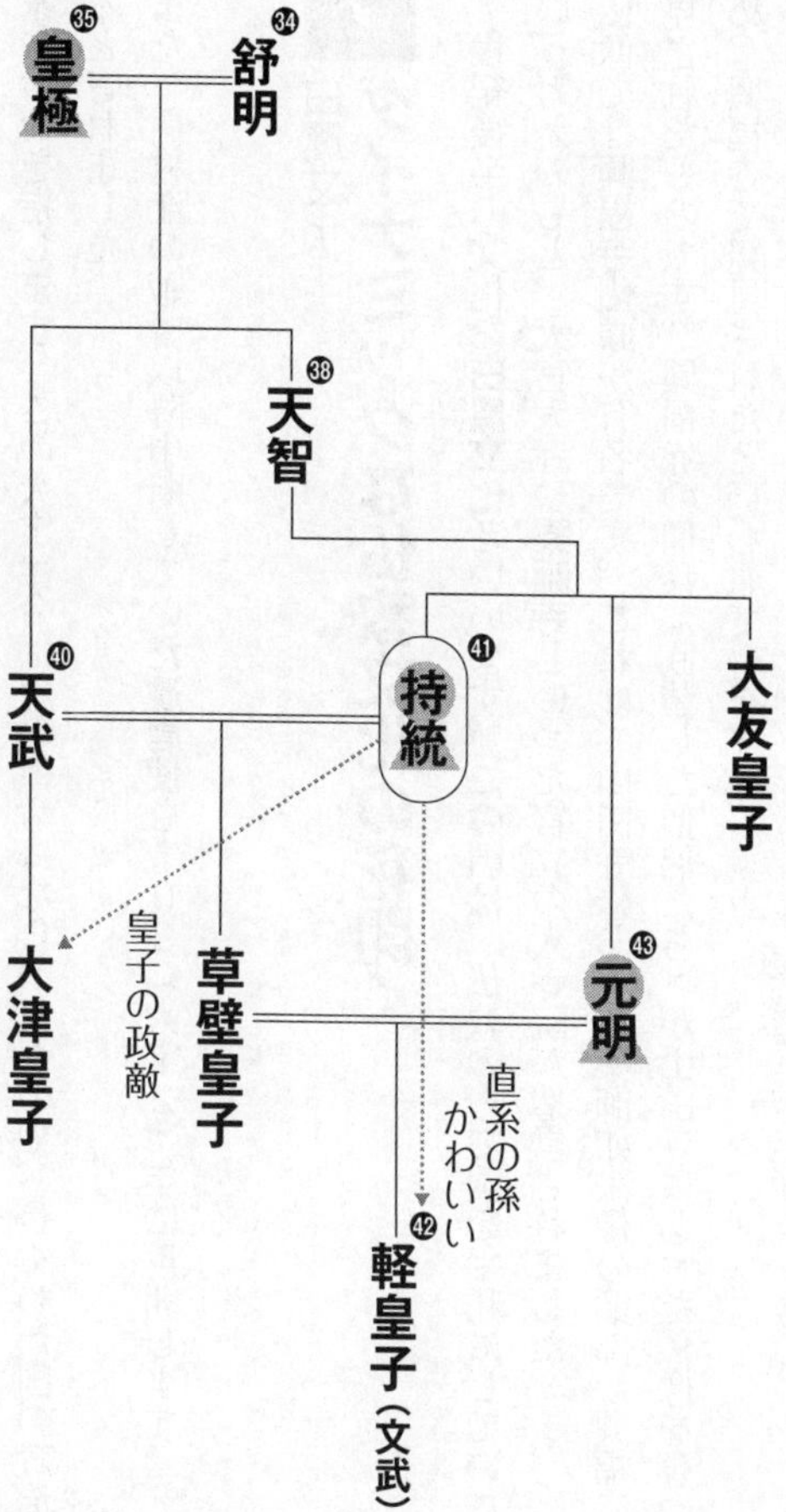
35 皇極
34 舒明
38 天智
40 天武
41 持統
大友皇子
大津皇子
皇子の政敵
草壁皇子
43 元明
直系の孫
かわいい
42 軽皇子（文武）

701（大宝元《たいほう》）年には、刑部《おさかべ》親王《しんのう》・藤原《ふじわらの》不比等《ふひと》らが、**大宝律令**を完成させます。律は「人を律する」という言葉からもわかるように「刑法」を、令は「行政法・民法」など国家の命令を指します。この大宝律令は唐の律令にならったもので、長くわが国の政治の基本とされました。

また、白村江の戦い以降中断していた**遣唐使**も702（大宝2）年に再開します。

7 ダイナミックな仏教文化の花開く

白鳳文化

7世紀後半の文化を**白鳳《はくほう》文化**といいます。この頃は、仏教の力で国を平和にしていこうという考えのもと、**大官大寺《だいかんだいじ》**や**薬師寺《やくしじ》**といった官立の大寺院が造営されました。

仏像では**興福寺《こうふくじ》仏頭**が有名です。これは、山田寺にあった薬師如来《やくしにょらい》像の頭部が興福寺で発見されたものです。興福寺の僧兵（武装した僧侶たち）が山田寺にあった仏像を奪ったため、興福寺で発見されたといわれています。

絵画は、1949年にほとんどが焼損《しょうそん》してしまった法隆寺《ほうりゅうじ》金堂《こんどう》壁画や、1972年に発見された**高松塚《たかまつづか》古墳壁画**や、1993年に発見されたキトラ古墳壁画など、極彩色の壁

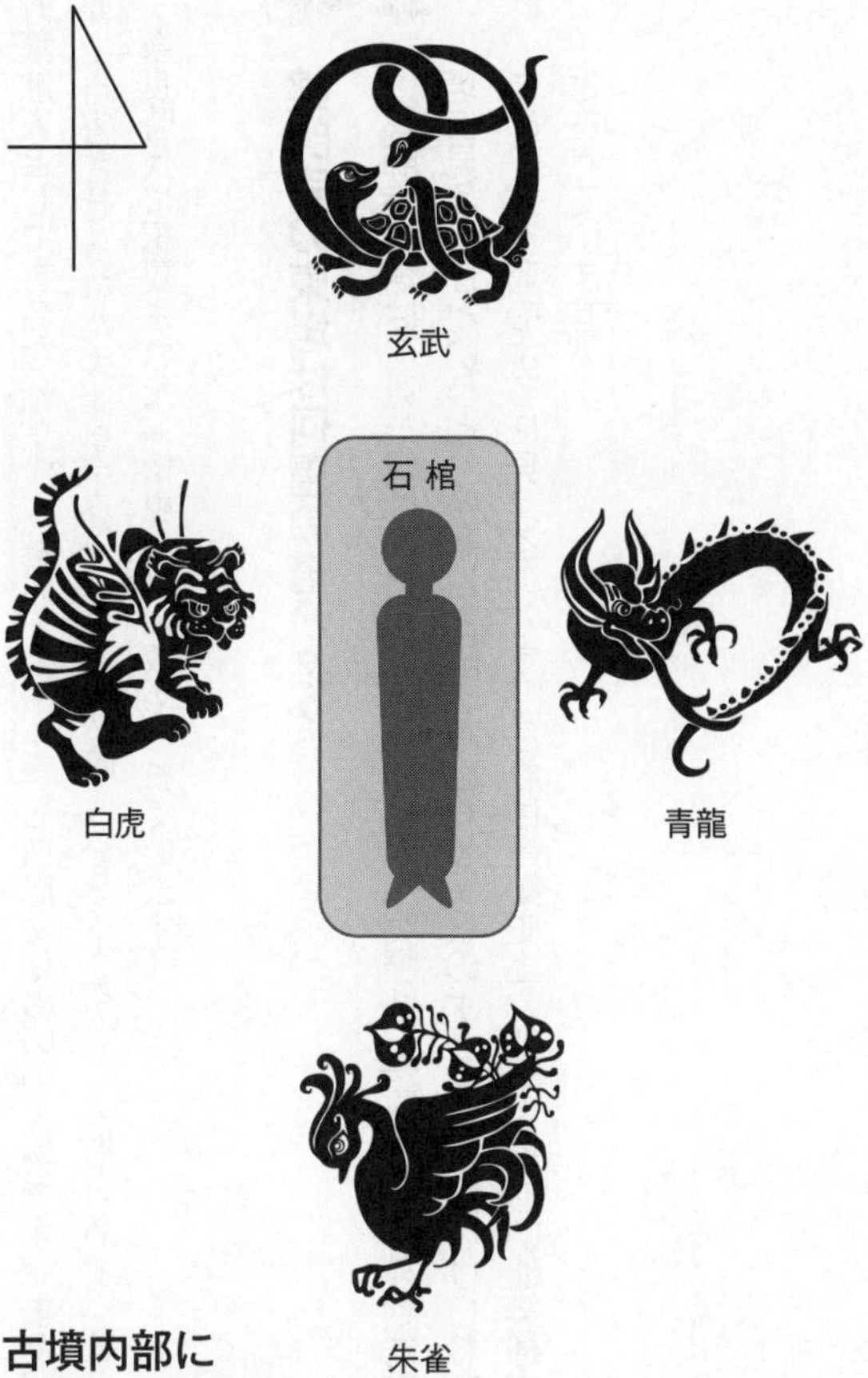

古墳内部に
描かれた四神

画が特徴です。

万葉歌人として有名な柿本人麻呂《かきのもとのひとまろ》や額田王《ぬかたのおおきみ》も白鳳文化の頃の人物です。また、謀反の罪で自害させられた大津皇子は、優れた漢詩を残した人物としても有名で、彼の漢詩は、奈良時代に編纂された『懐風藻《かいふうそう》』に収められています。

豆知識

薬師寺の東塔は何重の塔？？？

薬師寺東塔は、見た目は六重塔に見えますが、実際は三重塔です。なぜ六重塔に見えるかというと、各層に裳階《もこし》と呼ばれる屋根のようなものがつけられたため、六重塔のように見えるのです。これは建築史上、非常に珍しい建築様式とされています。

第06講 天武系天皇の時代——奈良時代

奈良時代は8世紀の710（和銅《わどう》3）年から平安京遷都までの794（延暦《えんりゃく》13）年までのことを指します。この時期は、大きく分けて3つの時期に分かれます。

聖武天皇は天武系の天皇なので、前期・中期は「天武系天皇の時期」ということになります。聖武天皇の娘が亡くなるのが770（宝亀《ほうき》元）年で、奈良時代もほぼ終わりの頃になるので、奈良時代というのは、丸ごと聖武天皇とその娘の時期ということになります。

それぞれの時期を細かく分けていくと、

●前期　聖武天皇の時期

1	元明天皇の時期	藤原不比等
2	元正天皇の時期	長屋王
3	聖武天皇の時期	藤原四子、後に橘諸兄

●中期　聖武天皇の娘の時期

1	孝謙天皇の時期	藤原仲麻呂
2	淳仁天皇の時期	
3	称徳天皇の時期	道鏡

●後期　天智系天皇復活の時期

1	光仁天皇の時期	藤原百川
2	桓武天皇の時期	

となります。最後の桓武天皇の時期は、次の平安初期の政治となるので、ここでは光仁天皇までの7代の天皇についてお話ししていきます。

ところで、それぞれの天皇の名前の下に、人名が書かれていますね。これは当時の政権担当者です。聖武天皇の時期は比較的長期なので、最初は藤原四子が、後に橘諸兄が権力者となります。また、淳仁天皇の時期は短いので、孝謙天皇の時の藤原仲麻呂が引き続き権力を握ります。

権力者をみていくと、

藤原不比等、長屋王、藤原四子、橘諸兄、藤原仲麻呂、道鏡、藤原百川

と藤原氏と藤原氏以外が交互に政権を担当する時代だったことがわかります。

奈良時代 中期　奈良時代 後期

「桓武天皇の時期」については、主に平安時代の内容になりますので第7講で詳しく述べていきます。

1 元明天皇の時期（707〜715年）
巨大な都、平城京の完成

奈良時代最初の天皇は**元明天皇**《げんめい》です。元明天皇は女帝です。女性が天皇になるのは、はっきりいって異常事態です。これまでも何か特別な理由がなければ女性が天皇になることはありませんでした。

文武天皇はわずか25歳で亡くなってしまいます。次期天皇として順当なのは、文武天皇の子の首皇子《おびとのみこ》ですが、首皇子はまだ7歳でした。そこで、首皇子が成人するまでの間のつなぎとして、首皇子のおばあちゃんにあたる元明天皇が即位するわけです。

元明天皇のもとでは、国家事業として貨幣の鋳造《ちゅうぞう》がおこなわれます。その最初が708（和銅元）年の**和銅開珎**《かいほう》です。政府は、和同開珎を流通させるため、蓄銭叙位令《ちくせんじょいれい》を出し、貨幣の貯蓄額に応じて位を授けるなどしましたが、当時は米や布が貨幣のかわりを果たしていたため、貨幣はあまり流通しませんでした。

710（和銅3）年には、唐の長安城《ちょうあんじょう》にならって平城京《へいじょうきょう》が造られ、元明天皇は平城京に遷都をおこないます。平城京の北部中央にあるのが大内裏《だいだいり》（宮城《きゅうじょう》）です。大内裏には天皇の住まいである内裏や各官庁が立ち並びました。また、平城京には貴族や役人の住居や、寺院、そして官営の市などが設けられ、大いに栄えました。

豆知識

最初のお金？　富本銭《ふほんせん》

最近の教科書では、和同開珎以前に「富本銭」という貨幣が鋳造されたと記されています。皆さんの中にも本文を読んで、「最初の貨幣は和同開珎ではなく富本銭ではないのか」と思った方も多いと思います。

富本銭は683年頃に造られたと推定される銭貨のため、時代的には和同開珎よりも古い貨幣となります。しかし富本銭は、国家事業として鋳造された皇朝《こうちょう》十二銭ではありません。また、富本銭には七曜星という7つの点が亀甲形に配置された文様があることなどから、流通用の貨幣ではなく、まじない用に造られた貨幣ではないかという説も根強く、富本銭の実態は未だ解明されていません。

2 元正天皇の時期（715～724年）

藤原氏が力を持ちはじめる

元明天皇は715（和銅8）年に高齢を理由に天皇の地位を退きます。しかし、まだ孫の首皇子は15歳です。文武天皇が15歳で即位した時、周囲から大きな反発があったため、首皇子を天皇にすることは見送られました。そこで天皇になるのは元明天皇の娘である元正天皇です。元正天皇は首皇子からみると叔母にあたる人物です。

元正天皇のもとで権力を握ったのが、**藤原不比等**です。藤原不比等は大宝律令の制定に携わった頃から力を持ちはじめ、元正天皇の時には、とうとう自らが中心になって**養老律令**を制定します。しかし、720（養老4）年、不比等は、養老律令の施行をおこなうことなく亡くなってしまいます。

不比等の死後力を持つのは、藤原氏ではない皇族の**長屋王**《ながやおう》でした。長屋王は、不比等が亡くなった翌年には右大臣、そして3年後には左大臣となって、政権のトップに立ちます。長屋王は、土地政策をおこなった人物です。722（養老6）年には百万町歩開墾計画を立てます。翌723（養老7）年には**三世**《さんぜ》**一身**《いっしん》**法**を施行し、開墾《かいこん》した田地の期限つきの土地私有を認めます。

3 聖武天皇の時期（724〜749年）

藤原一門の隆盛

藤原四子、妹を皇后に（724〜737年）

724（神亀《じんき》元）年、24歳になった首皇子は満を持して天皇に即位し、**聖武《しょうむ》天皇**となります。天武天皇の孫の文武天皇の息子ということで、「武」の字が入っています。聖武天皇は、お母さんが藤原氏の娘だったため、藤原不比等の4人の子供たち（藤原四子）が力を伸ばしていきます。南家の武智麻呂《むちまろ》、北家の房前《ふささき》、式家の宇合《うまかい》、京家の麻呂《まろ》です。

彼らは、自分たちの妹にあたる光明子《こうみょうし》を聖武天皇の皇后に立てたいと考えていました。しかし、これに反対したのが長屋王です。なぜなら、皇后は、次期天皇候補が幼少の場合天皇になる必要があったため、天皇になることのできる皇族でなければいけないという理由からでした。持統天皇などは、その例でした。

729（神亀6）年、**長屋王の変**が起こります。藤原四子が、長屋王に国家転覆の罪を着せて自殺に追い込むのです。長屋王がいなくなって、晴れて光明子は聖武天皇の皇后となります。今まで皇族でない人間が皇后になる前例はなかったので、初の皇族以外の皇后ということになります。

奈良時代の天皇と藤原氏の略系図

（[人型アイコン]は女性）

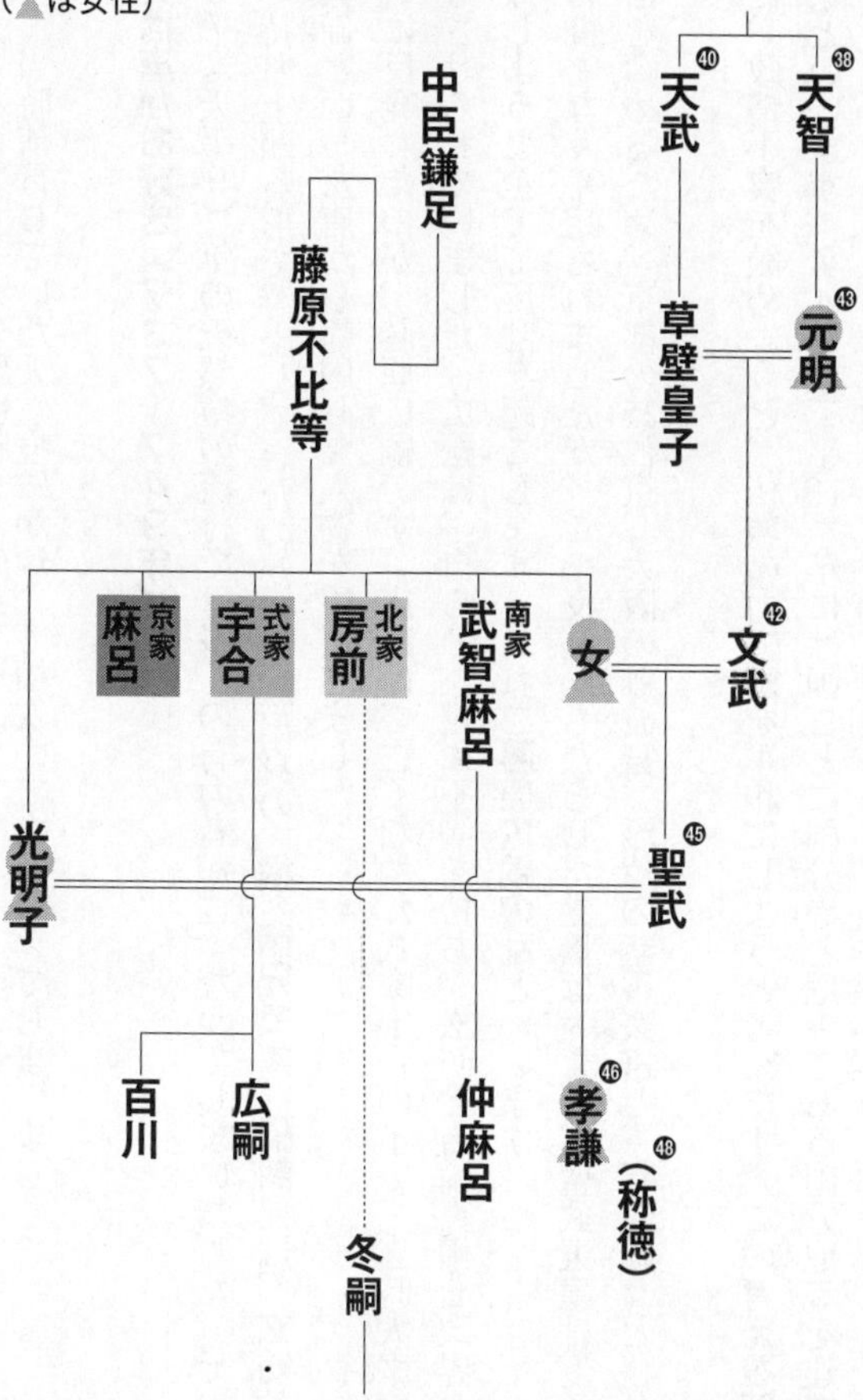

光明子を皇后に立てた藤原四子は、全盛期を迎えます。しかし、彼らは737（天平《てんぴょう》9）年、当時流行していた天然痘《てんねんとう》にかかって相次いで亡くなってしまいました。

橘諸兄は唐がお好き（737～749年）

737（天平9）年の天然痘の流行では多くの有力者が亡くなってしまいました。その結果、持ち上がる形で浮上してきたのが、皇族出身の**橘諸兄**《たちばなのもろえ》です。橘諸兄は、玄昉《げんぼう》や吉備真備《きびのまきび》といった唐から帰国した人物を重用しました。

これに反発したのが、藤原広嗣《ひろつぐ》です。広嗣は、亡くなった式家宇合の子で、当時大宰府《だざいふ》に左遷させられていました。広嗣は、自らの左遷に不満を持ち、玄昉と吉備真備を政界から追放しようと企てて反乱を起こします。これを**藤原広嗣の乱**といいます。

乱は間もなく平定されましたが、この反乱がもたらした動揺は大きく、聖武天皇は、その動揺を鎮めるため、京都の恭仁《くに》京、大阪の難波《なにわ》宮、滋賀の紫香楽《しがらき》宮と、都を転々と移します。

また、政情不安を鎮めようと、仏教の力で国を平和にしようと考えます。この考えを鎮護国家といいます。741（天平13）年には国ごとに国分寺《こくぶんじ》と尼寺である国分尼寺《こくぶんにじ》を建てることを定めた**国分寺建立の詔**が、743（天平15）年には**盧舎那仏《るしゃなぶつ》造立の詔**（大仏造立の詔）が出され、大仏の造立がはじまります。大仏造立の詔が出された当時、聖武天皇は紫香楽宮にいたので、当初大仏は紫香楽宮のある滋賀に造られる予定でした。

また同じ743（天平15）年には**墾田永年私財法**《こんでんえいねんしざいほう》が出され、身分に応じた面積の土地を永久に私有できるようになり、**荘園**《しょうえん》と呼ばれる私有地が生まれていきます。

豆知識 皇后と中宮、何が違うの？

皇后は天皇の正妻のことで、中宮は皇后より後からお輿《こし》入れした天皇の奥さんのことです。ちなみに皇后と中宮は同じ身分です。

女御《にょうご》は、天皇の寝所に待機する女性のことで、皇后や中宮よりは格下になります。しかし、平安時代中期以降は、この女御から皇后を立てるのが通例となりました。

更衣《こうい》は、女御に次ぐ格で、もともとは、天皇のお召し替えを担当する女性でしたが、次第に天皇の寝所に待機するようになりました。

4 孝謙天皇の時期（749～758年）
女帝のもとで大仏開眼

聖武天皇は、749（天平勝宝元《てんぴょうしょうほう》）年に突然退位します。聖武天皇には、娘しかいなかったので、彼女が即位して孝謙《こうけん》天皇となります。

実は、奈良の大仏が完成するのは、752（天平勝宝4）年で、聖武天皇の時ではなく孝謙天皇の時のできごとです。大学入試では、これが盲点として時々出題されたりします。

孝謙天皇のもとで権力を振るうのが、光明子でした。光明子は、この時は前天皇の皇后ということで、皇太后となっていたので、光明皇太后となります。光明皇太后は不比等の娘です。つまりはもともと藤原氏の人間だったため、藤原氏の**藤原仲麻呂《なかまろ》**を重用するようになります。仲麻呂は、光明皇太后からみると甥《おい》にあたる人物です。

先ほど出てきた橘諸兄は、孝謙天皇が天皇になることに反対したため、政治力を失ってしまいます。橘氏の政治力を盛り返そうと立ち上がったのが、橘諸兄の子の橘奈良麻呂《ならまろ》です。757（天平勝宝9）年、橘諸兄が亡くなると、子の橘奈良麻呂は、藤原仲麻呂を倒そうと計画しますが、失敗し、倒されてしまいます。

5 淳仁天皇の時期(758~764年)
とばっちりで天皇が流罪に

橘奈良麻呂の変の翌758(天平宝字《てんぴょうほうじ》2)年、孝謙天皇は淳仁《じゅんにん》天皇に譲位します。淳仁天皇のもとで、藤原仲麻呂は、光明皇太后の信任を受けて権勢を振るっていました。

しかし、2年後の760(天平宝字4)年に光明皇太后が亡くなり、藤原仲麻呂の権力に陰りが見えてきます。天皇の地位を退いていた孝謙上皇が、光明皇太后の後を継ぐ形で権力を持ちはじめるのです。孝謙上皇は、藤原仲麻呂を重用せず、自分の病気を治してくれた**道鏡《どうきょう》**という僧侶を重用します。

これに不満を持った藤原仲麻呂は、764(天平宝字8)年に反乱を起こしましたが敗死します。これを**恵美押勝の乱《えみのおしかつ》**といいます。恵美押勝は、藤原仲麻呂が淳仁天皇から贈られた唐風の名前です。この乱で、淳仁天皇も、藤原仲麻呂と関係が深かったことを理由に淡路に流されてしまいます。天皇が流罪になることは前代未聞だったため、淳仁天皇は「淡路廃帝」と呼ばれるようになります。

6 怪僧道鏡の野望

称徳天皇の時期（764～770年）

次に天皇になるのは、称徳《しょうとく》天皇です。764（天平宝字《てんぴょうほうじ》8）年のことです。実はこの称徳天皇は、孝謙上皇のことです。つまり、皇極天皇のように重祚するわけです。

称徳天皇のもとで力を持った道鏡は、翌765（天平神護《てんぴょうじんご》元）年には僧侶でありながら太政大臣禅師となり、翌766（天平神護2）年には法王となります。

3年後の769（神護景雲《じんごけいうん》3）年、道鏡は遂に天皇の地位を狙いはじめます。称徳天皇も道鏡を天皇にしたがっていたので、これを既成事実化させようとした道鏡は、「宇佐八幡宮から道鏡を皇位につけよとの神託があった」ということにして、皇位を手に入れようとします。しかし、この陰謀は、**和気清麻呂**《わけのきよまろ》らによって暴かれ、道鏡の皇位への夢は断たれたのです。これを**宇佐八幡宮神託事件**《うさはちまんぐうしんたくじけん》といいます。

翌770（神護景雲4）年、称徳天皇は63歳で亡くなります。この後、1629（寛永6）年に即位した明正《めいしょう》天皇まで、およそ850年の間、女帝が立てられることはありませんでした。

称徳天皇が亡くなると、力を失った道鏡は、下野国《しもつけ》（現栃木県）の薬師寺に左遷させられてしまいます。

7 光仁天皇の時期（770〜781年）
壁のように、わたしは目立たない

孝謙天皇には子供がいませんでした。藤原百川《ももかわ》や藤原永手《ながて》といった貴族勢力は、再び道鏡のような政治を牛耳る僧侶が現れないようにするため、寺院勢力との関係の薄い光仁《こうにん》天皇を天皇に立てます。光仁天皇は天智天皇の孫で、すでに62歳でした。ここで天武天皇系の皇統は途絶えるわけです。

光仁天皇の時には、藤原百川を中心に、藤原氏の力が強くなります。彼らは772（宝《ほう》亀《き》3）年に身分による開墾制限を撤廃させ、いくらでも開墾ができて荘園が持てるようにしました。この結果、荘園が各地に増加していくのです。

8 天平文化
日本文化の源流が花咲く

奈良時代になると、平城京を中心に、唐の文化の影響を受けた国際的な文化が栄えました。これを**天平文化**といいます。

天武天皇の頃からはじまっていた国史の編纂事業は、『**古事記**』・『**日本書紀**』となって完成します。『古事記』は、古くから朝廷に伝えられた『帝紀《ていき》』・『旧辞《きゅうじ》』をもとに稗田阿礼《ひえだのあれ》が記憶していた内容を太安麻呂《おおのやすまろ》に筆録させたものです。一方の『日本書紀』は、中国の歴史書にならって漢文で書かれたもので、日本の正史とされました。

また諸国に『風土記《ふどき》』の編纂を命じて、各地域の地名の由来や伝承、名産品などを記させました。

この時代は、鎮護国家のため仏教が盛んになった時期でもあります。唐からは**鑑真**《がんじん》という僧侶が来日し、日本に戒律を伝えます。当時は、受戒《じゅかい》をおこなうには、わざわざ唐まで出向かなければなりませんでした。とはいえ、遣唐使は非常に危険な航海で、4艘《そう》のうち1艘が帰還するのがやっとといったものでした。ところが鑑真が授戒《じゅかい》をおこなう戒壇《かいだん》を日本に設置したお陰で、わが国の人たちは、受戒のために唐まで出向かなくてもよくなったのです。鑑真が創建した寺院には**唐招提寺**《とうしょうだいじ》があります。

当時の貴族の教養は漢詩文を作成することでした。現存する最古の漢詩集である『**懐風藻**《かいふうそう》』が編まれたのもこの頃です。一方、『**万葉集**』は和歌集で、天皇をはじめとして兵士や地方の農民の歌まで、およそ4500首がおさめられています。『万葉集』では、漢字の音や訓を利用して日本語を表す**万葉仮名**が用いられていました。

豆知識 鑑真和尚の功績と苦難

新たに僧尼《そうに》となる者は、授戒という儀式が必要でした。しかし当時、日本には授戒の儀式をおこなえる僧侶がいませんでした。鑑真は、自らの弟子を日本に送り込もうとしましたが、誰も日本に行きたがらないので、鑑真自らが日本に向かうことになりました。鑑真の渡日の挑戦は6度にわたりました。玄宗《げんそう》皇帝の反対や渡日を阻《はば》む者の密告、そして大暴風雨で海南《かいなん》島に流され、高弟の栄《よう》叡《えい》が亡くなり、鑑真自らも両眼を失明しながらも、753年、6度目の渡航でやっとのことで渡日に成功し、日本でも授戒ができるようになったのです。

第07講 平安時代初期——9世紀前期

平安時代は、794（延暦《えんりゃく》13）年の平安京遷都から1185（文治《ぶんじ》元）年の鎌《かま》倉《くら》幕府成立までを指します。平安時代は、400年もあるため、1つの時代と考えない方が、わかりやすいと思います。平安時代は、50年ごとに時代が変わっていきます。

平安時代
(794～1185)

9世紀前期	平安時代初期
9世紀後期	藤原氏の他氏排斥(1)
10世紀前期	延喜・天暦の治(天皇親政)
10世紀後期	藤原氏の他氏排斥(2)
11世紀前期	摂関政治
11世紀後期	院政
12世紀前期	平氏の台頭
12世紀後期	平氏の滅亡

この第7講では、最初の50年、つまり9世紀前半をやっていきます。9世紀前半

平安時代初期

奈良時代終末期
9世紀前期

は、一言で言うと、次のようになります。

●桓武《かんむ》天皇と、その3人の息子の時代

1	桓武天皇の時代
2	3人の息子の時代 平城天皇・嵯峨天皇・淳和天皇

の2つに分けて、考えていきましょう。

1 桓武天皇の即位と早良親王の怨霊

桓武天皇の時代（781〜806年）

まず、第6講の復習です。天武天皇から奈良時代終わりの称徳天皇までが、天武系天皇の時代でした。光仁天皇が即位すると、およそ100年ぶりに天智系天皇の時代に戻ります。この光仁天皇の子にあたるのが**桓武《かんむ》天皇**です。

桓武天皇は、律令体制の再建を本気で考えた天皇です。天皇を政治の中心とする政治体制を再び目指したのです。当時は、弓削道鏡《ゆげのどうきょう》が皇位を狙うなど、仏教勢力や旧来の豪族たちの力が強かったため、それらの勢力を弱め、天皇中心の政治体制を復活させようとするのです。

桓武天皇の改革の柱は、遷都と東北地方の平定でした。

奈良は仏教勢力や旧来の豪族の影響力が強かったので、彼らの影響力が少ない山背国《やましろ》（京都府）に都を移すのです。

784（延暦3）年、桓武天皇は長岡京《ながおかきょう》に遷都します。しかし、これに反対する勢力は強く、翌年、長岡京造営の中心人物であった藤原種継《たねつぐ》が暗殺されます。桓武天皇の弟で、皇太子の立場にあった早良親王《さわらしんのう》はこの暗殺事件にかかわったとされ、淡路に流され、非業《ひごう》の死を遂げます。その後、桓武天皇のお母さんが急死したり、疫病が流行したりするなど、都では不穏なできごとが続きました。人々は、これを早良親王の怨霊のしわざであると考えました。

長岡京遷都に行き詰まった桓武天皇は、794（延暦13）年、現在の京都の地に再遷都をおこないます。これが**平安京**です。この時、「山背」国という表記も「山城」国に改められました。

一方、東北地方では、伊治呰麻呂《これはりのあざまろ》が反乱を起こしたのをきっかけに、長い戦乱状態が続いていました。桓武天皇は、**坂上田村麻呂**《さかのうえのたむらまろ》を蝦夷征討の役職である**征夷大将軍**《せいいたいしょうぐん》に任命します。田村麻呂は豪族の長であった阿弖流為《あてるい》を倒し、東北地方北部までを律令国家の支配下に置くことに成功したのです。

しかし、遷都と東北地方の平定は、国家財政を苦しめました。桓武天皇は、805（延暦24）年、藤原緒嗣《おつぐ》の意見を受け入れて、平安京の造営事業と東北地方の平定事業を中止します。その結果、平安京は、右京が未完成のままとなり、次第に右京は衰退していったのです。

豆知識

御霊《ごりょう》信仰とは？

御霊信仰とは、天災や疫病を、怨みを持って死んだり非業の死を遂げた人間の「怨霊」のしわざと見なし、これを鎮めようという信仰のことです。本書に載っている人物では、藤原広嗣《ひろつぐ》、早良《さわら》親王、橘逸勢《はやなり》、菅原道真《みちざね》、崇徳《すとく》上皇、安徳《あんとく》天皇、後鳥羽《ごとば》上皇、後醍醐《ごだいご》天皇などが怨霊として恐れられました。

一方、疫病神を祀ることで疫病を防ぐ信仰を疫病信仰といいます。祇園祭は疫病信仰から起こった祭りで、京都の八坂《やさか》神社に祀られた牛頭《ごず》天王という、疫病や災いをもたらすものを鎮めるための祭りからはじまったものです。

2 摂関政治のさきがけ

3人の息子の時代（806〜833年）

桓武天皇が亡くなると、桓武天皇の第1皇子が即位し、平城《へいぜい》天皇（在位806〜809年）となります。しかし、平城天皇は病気がちであったため、わずか3年で退位します。次に天皇になるのが、同じく桓武天皇の皇子であった嵯峨《さが》天皇（在位809〜823年）です。この時、平城上皇（平城天皇は退位したので上皇となっています）は、平城京に再び都を戻そうと考えていました。しかし嵯峨天皇には、平城京に戻る意志がなく、両者の間で対立が起こります。その結果、まるで嵯峨天皇と平城上皇の2人が同時に天皇に並び立つような状態となり、政治は混乱しました。嵯峨天皇は、この事態を打開するために、810（大同《だいどう》5）年に兵を出します。勝機がないと悟った平城上皇は自ら出家、上皇の寵愛《ちょうあい》を受けていた藤原薬子《くすこ》は自殺しました。この政変は、藤原薬子が上皇を操っていたと考えられていたことから、**薬子の変**と呼びます。

薬子の変をきっかけに、天皇の命令をすみやかに伝えるための秘書官として**蔵人頭**《くろうどのとう》が設けられ、藤原冬嗣《ふゆつぐ》がこれに任命されました。このことから藤原氏、とくに藤原冬嗣の子孫が力を持つようになり、後の摂関《せっかん》政治へとつながっていきます。

嵯峨天皇が823（弘仁《こうにん》14）年に退位すると、桓武天皇の第3皇子であった淳和《じゅんな》天皇（在位823〜833年）が即位します。

3 弘仁・貞観文化

平安京を舞台に花開く貴族の文化

平安京への遷都から9世紀末頃までの文化のことを**弘仁・貞観《じょうがん》文化**といいます。弘仁・貞観文化は、平安京を舞台に展開された貴族文化でした。

桓武天皇は、仏教が政治に介入することを防ぐため、奈良にあった寺院を平安京に移転することを認めませんでした。

その上で、最澄《さいちょう》・空海《くうかい》の開いた新しい仏教を支持するのです。

最澄は、比叡《ひえい》山で修学した後、中国で天台の教えを受け、帰国後**天台宗《てんだいしゅう》**を開きました。さらに**空海**は、中国で密教を極め、高野山に**金剛峰寺《こんごうぶじ》**を建てて**真言宗《しんごんしゅう》**を開きました。

空海は、嵯峨天皇から平安京に**東寺**（**教王護国寺《きょうおうごこくじ》**）を与えられます。また空海は綜芸種智院《しゅげいしゅちいん》を創設し、庶民に教育の門戸を開いた人物としても有名です。

天台宗・真言宗が盛んになると、密教芸術が新たに発展します。密教とかかわりの深い不動明王《ふどうみょうおう》などの仏像や仏画が造られ、金剛界と胎蔵《たいぞう》界からなる密教世界を描いた曼荼羅《まんだら》が描かれるようになりました。

当時は、漢詩文を作ることが貴族の教養として重視され、漢文学が盛んになります。『凌雲集《りょううんしゅう》』『文華秀麗集《ぶんかしゅうれいしゅう》』『経国集《けいこくしゅう》』といった勅撰《ちょくせん》の漢詩文集が次々と編まれました。

書道では、唐風の書が広まり、能書家の嵯峨天皇・空海・橘逸勢《はやなり》は、後に三筆《さんぴつ》と呼ばれるようになりました。

豆知識

曼荼羅に描かれた密教世界とは?

密教世界を描いた両界曼荼羅は、金剛《こんごう》界曼荼羅と胎蔵《たいぞう》界曼荼羅から構成されます。金剛界曼荼羅は、大日如来《だいにちにょらい》の9つの説法を描いたもので、「金剛頂経《こんごうちょうきょう》」の奥深い教義と聖なる世界を表しています。胎蔵界曼荼羅は「大日経」を根拠としています。十二院で構成され、現世利益など、さまざまな働きを持つ405尊の仏を配置したものです。

藤原氏の他氏排斥——9世紀中・後期

9世紀の前期については第7講でふれたので、ここでは、中期・後期について押さえていきましょう。この時代は、次のように分けることができます。

●9世紀中・後期

1 9世紀中期　藤原良房の時代　冬嗣の子
2 9世紀後期　藤原基経の時代　良房の養子

一言で言うと、前期で蔵人頭に任命された藤原冬嗣の子と、孫の時代というわけです。

1 平安時代の混乱期

藤原良房の時代（833〜872年）

平安時代初期は、桓武天皇とその3人の子供の時代でした。それに続くのが**藤原良房**《よしふさ》の

時代です。天皇でいうと、
・仁明《にんみよう》天皇（在位833～850年）
・文徳《もんとく》天皇（在位850～858年）
・清和《せいわ》天皇（在位858～876年）
の3天皇となります。

仁明天皇は、嵯峨天皇の皇子です。嵯峨天皇は、藤原冬嗣を蔵人頭にした人物なので、嵯峨天皇の子である仁明天皇も、藤原氏の人間である藤原良房を重用しました。この時、皇太子は淳和天皇の子、恒貞親王《つねさだしんのう》でした。淳和天皇は、藤原氏よりも伴《とも》氏や橘氏といった貴族を重用していたため、恒貞親王が天皇になってしまうと、伴氏や橘氏の力が強くなり藤原氏の力が弱くなるのは明白です。

そこで藤原良房は、842（承和《じようわ》9）年に**承和の変**を起こします。政敵であった**橘逸勢《はやなり》**と伴健岑《とものこわみね》が、皇太子を一刻も早く天皇にしようと謀反を企てたとして、処罰するのです。これは藤原良房の陰謀でした。良房は、恒貞親王を皇太子の地位から引きずり下ろし、仁明天皇の子であった道康親王《みちやすしんのう》を皇太子に立てるのです。

850（嘉祥《かしよう》3）年、その道康親王が即位し、文徳天皇になりました。実は、藤原良房は、この文徳天皇のもとで、貴族の最高位である太政大臣の地位に就きます。実は、良房は、文徳天皇のもとに自分の娘を嫁がせていました。そして、文徳天皇とその娘の間には男の子が生まれるのです。

858（天安《てんあん》2）年、文徳天皇が亡くなると、良房はその男の子を皇位に就けます。**清和天皇**です。清和天皇は、良房の娘の子、つまりは孫にあたるわけです。それだけではありません。清和天皇は、わずか9歳で即位したのです。もちろん、自ら政治をおこなえる年齢ではありません。そこで良房は、幼少の天皇の政務を代行する**摂政**となるわけです。摂政は本来、皇族しか就くことができなかったため、良房の摂政就任に対しては強い反発が起こります。

そんな中、866（貞観《じょうがん》8）年、大納言であった**伴善男**《とものよしお》が応天門《おうてんもん》に放火し、その罪を左大臣である源信《みなもとのまこと》に負わせようとする事件が発覚します。これを**応天門の変**といいます。応天門の変により、伴善男は没落し、藤原良房の摂政就任に反発する勢力が一掃される結果となりました。これで良房は、名実ともに摂政として権力を振るうことになるのです。

豆知識 応天門の変の真相！

866年閏《うるう》3月、大内裏にある「応天門」が全焼する火事が起こりました。この火事には放火説と失火説が入り交じります。数日後、大納言の伴善男が「応天門の火事は放火で、犯人は左大臣の源信《みなもとのまこと》である」と告発しました。しかし、その5か月後に応天門を放火したのは、伴善男であるという告発があり、藤原良房が調査した結果、応天門を放火したのは伴善男ということになります。しかし、この事件の裏には藤原良房の陰謀が見え隠れするような気もします。

2 はらぐろ基経

藤原基経の時代（876〜891年）

平安時代後期は、藤原良房の養子にあたる**藤原基経**《もとつね》の時代です。天皇でいうと、

- 陽成《ようぜい》天皇（在位876〜884年）
- 光孝《こうこう》天皇（在位884〜887年）

平安前期の天皇と藤原冬嗣系統の略系図

（女は女性）

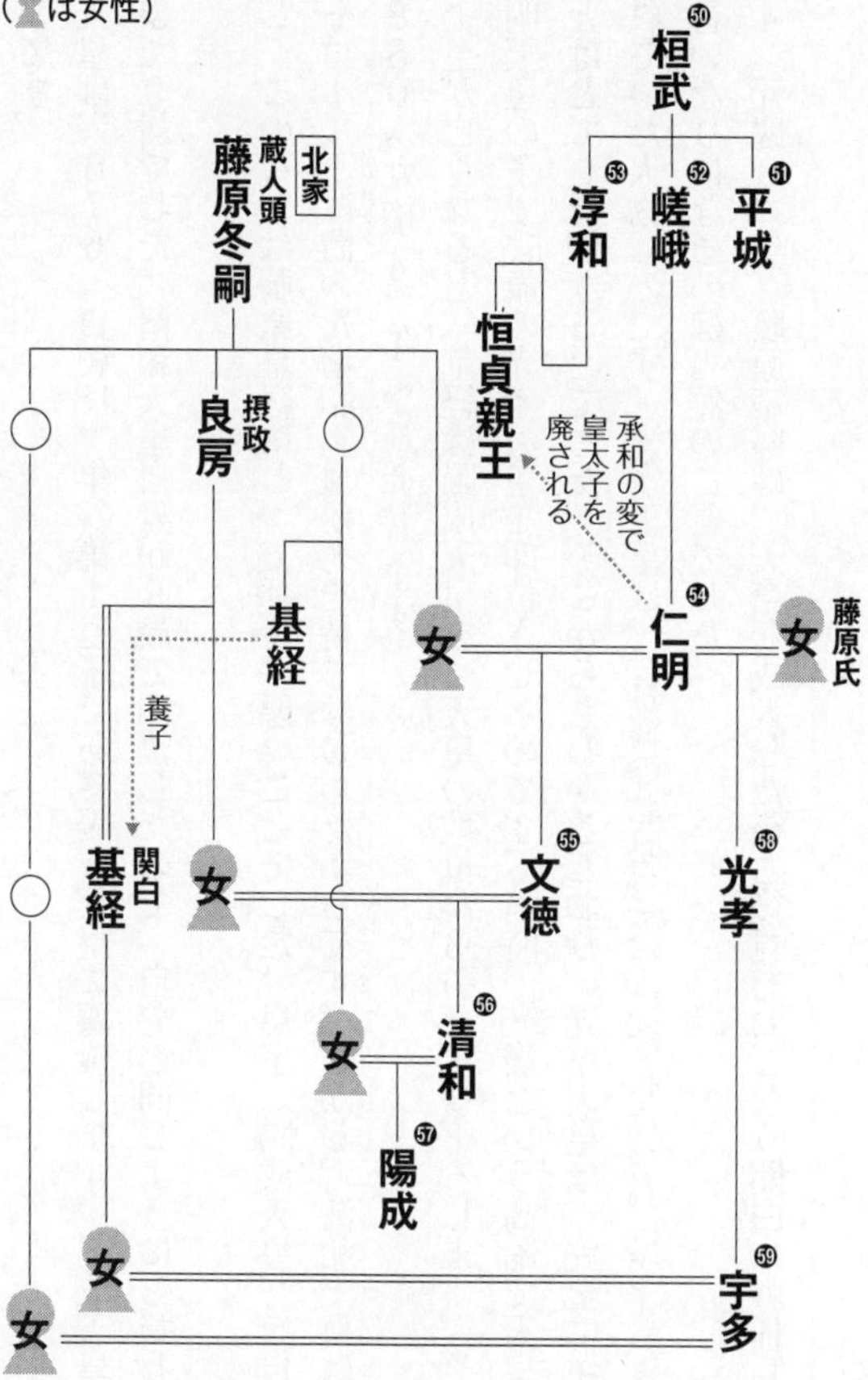

・宇多《うだ》天皇（在位887～897年）

の3天皇です。

清和天皇は、876（貞観18）年、第1皇子である陽成天皇に譲位します。陽成天皇はこの時まだ9歳でした。清和天皇自身が9歳で即位したので、自分と同じようにしたわけです。

しかし、このことは藤原基経にとって都合の悪いことでした。息子（陽成天皇）を自らのコントロール下に置いた清和上皇が力を持ちはじめたからです。しかし、清和上皇は4年後の880（元慶《がんぎょう》4）年に亡くなります。

清和上皇が亡くなると、基経は陽成天皇を、天皇の地位から引きずり下ろします。そして、仁明天皇の子で55歳の光孝天皇を即位させるのです。当時、55歳という高齢で天皇になることはとても異例なことでした。そこからもわかるとおり、光孝天皇は、完全に主流から外れていた人物なのです。光孝天皇は、「基経のお陰で天皇になれた」わけですから、基経の言いなりになるのは当然のことでした。

884（元慶8）年、藤原基経は、天皇が成人した後も後見をおこなう**関白《かんぱく》**に就任します。

3年後に、光孝天皇が亡くなると、その子である宇多天皇が即位します。宇多天皇は、基経を関白ではなく「阿衡《あこう》」に任命しようとします。

ところが基経は、阿衡という職は中国の古典によると名前ばかりで実体がともなわないと言って、一切の政務を放棄してしまいます。天皇の後見をおこなっていた基経が政務を放棄したため、政治がすべてストップしてしまうわけです。そこで宇多天皇は、阿衡を撤回して、基経を正式に関白に任命しました。結果、関白という官職が固定化していくのです。

第09講

天皇親政と摂関の独占――10世紀

10世紀は、大きく前半と後半に分けることができます。前半は、律令体制を再建し、天皇が自ら政治をおこなおうとした時期です。この時代を「延喜・天暦の治」といいます。後半は、藤原氏によるライバルの排斥が一段落して、藤原氏の内部争いが勃発する時期となります。

10世紀前半と後半は、さらに細かく区分できます。

● 10世紀前半

1	宇多天皇の時期	親政 寛平の治
2	醍醐天皇の時期	親政 延喜の治
3	朱雀天皇の時期	摂関 藤原忠平
4	村上天皇の時期	親政 天暦の治

平安時代中期
10世紀前半

●10世紀後半

5 藤原氏の内紛　摂関　藤原実頼

この5つの時期で、10世紀は構成されます。それでは、まずは10世紀前半からみていきましょう。

1 寛平の治と菅原道真

宇多天皇の時期（891〜897年）

宇多天皇は、母方の親戚が藤原氏の人間ではありませんでした。891（寛平《かんぴょう》3）年に藤原基経が亡くなると、宇多天皇は摂政・関白を置かない天皇親政をおこないます。宇多天皇がおこなった天皇親政を「寛平の治」といいます。

宇多天皇は、学者である**菅原道真**《すがわらみちざね》を登用しました。菅原道真は、もともと文章博士、今にたとえると東京大学の文学部長といったところでしょうか。宇多天皇は、その道真を蔵人頭に任命し、藤原氏を牽制するのです。

894（寛平6）年、道真の登用を快く思わない藤原氏を中心とする人々は、菅原道真を遣唐使として中国に派遣することで、その力を奪おうとしました。しかし道真は、「中国は動乱の時代を迎えており、遣唐使を派遣する必要はない」と唱えて、**遣唐使を廃止**してしまいます。

宇多天皇は、８９７（寛平９）年に息子の**醍醐《だいご》天皇**に譲位します。その際、宇多天皇は寛平《かんぴょうの》御遺誡《ごゆいかい》を醍醐天皇に伝え、天皇親政を維持するように言い残すのです。

豆知識

菅原道真が学問の神様とされるワケ

菅原道真を祀る天神様は、もともと怨霊と雷神が合わさったものでした。しかし、『天神縁起』によって道真の人柄や生前の功績が語られるうちに、天神様が非常に円満な神様としてとらえられるようになり、鎌倉時代には冤罪《えんざい》を晴らす神様、正直の神様とされるようになりました。江戸時代になると、寺子屋では、必ず天神様の神像が、学問・書道の神として掲げられるようになり、道真の命日である25日を毎月の祝日として、近くの天神社へお参りして、学問筆道の上達を祈願するようになり、今日の学問の神としての信仰につながっていったのです。

2 醍醐天皇の時期（897〜930年）

道真の左遷と祟り？

醍醐天皇は、899（昌泰《しょうたい》2）年、菅原道真を蔵人頭から右大臣に昇進させます。一方、藤原氏は、藤原基経の子にあたる**藤原時平**《ときひら》が左大臣に昇進します。

2年後の901（延喜《えんぎ》元）年、藤原時平は、醍醐天皇にこう訴えます。

「菅原道真は、醍醐天皇を廃して、道真の娘婿《むすめむこ》にあたる斉世親王《ときよしんのう》を天皇にしようとしている」

この結果、菅原道真は大宰府《だざいふ》に左遷され、903（延喜3）年、太宰府の地で亡くなってしまいます。しかし、その直後から、都では疫病や天変地異が相次ぎ、藤原時平も909（延喜9）年に39歳の若さで亡くなります。人々は、これを「道真の祟《たた》り」と考えました。そこで道真の霊を鎮めるために、京都に造られたのが**北野天満宮**《きたのてんまんぐう》です。

一方で、醍醐天皇は、宇多天皇の意志を引き継ぎ、摂政・関白を置かない天皇親政をおこないました。彼の政治を「延喜の治」といいます。

最初の勅撰《ちょくせん》和歌集である『**古今和歌集**』は、醍醐天皇の命で編纂されました。また、国家の正史である六国史の6番目にあたる、『日本三代実録《にほんさんだいじつろく》』が編纂されたのも醍醐天皇の時代でした。

3 国内争乱と武士の台頭

朱雀天皇の時期（930～946年）

醍醐天皇が亡くなると、その第11皇子である朱雀《すざく》天皇が即位します。朱雀天皇は8歳という若年で即位したため、藤原忠平《ただひら》が摂政・関白に就き、再び藤原氏が実権をにぎることとなります。

この頃、**平将門《たいらのまさかど》の乱**と**藤原純友《ふじわらのすみとも》の乱**が相次いで起こります。いずれの反乱も、鎮圧したのは武士でした。これによって、武士の権限が強くなっていくのです。

豆知識

承平《じょうへい》・天慶《てんぎょう》の乱

桓武天皇の血を引く平将門は、下総《しもうさ》（千葉県）を本拠地とする武士でした。939（天慶2）年に反乱を起こした平将門は、東国の大半を占領して、東国の支配者になろうとしましたが、同じ東国の武士である平貞盛《さだもり》らに討たれました。

一方、伊予《いよ》（愛媛県）の国司《こくし》であった藤原純友は、瀬戸内海の海賊を率いて反乱を起こし、伊予の国府や大宰府を攻め落としました。しかし、源氏の祖である源経基《つねもと》らによって討たれました。

4 天暦の治

村上天皇の時期（946〜967年）

朱雀天皇の時代には、武士の反乱や天変地異が頻発したため、朱雀天皇は、醍醐天皇の第14皇子の村上《むらかみ》天皇に早々と皇位を譲ってしまいました。

村上天皇は、父である醍醐天皇と同様、摂政・関白を置かない天皇親政をおこないます。この村上天皇の治世を「**天暦《てんりゃく》の治**」といいます。

天暦の治では、958（天徳《てんとく》2）年に乾元大宝《けんげんたいほう》という貨幣を発行するなど、醍醐天皇の方針を受け継ぎました。しかし一方で、都と地方の治安の乱れなどにより、律令にもとづいた政治はほとんどおこなわれなくなっていました。

5 藤原氏の内紛（967〜996年）

藤原氏の栄華へ

村上天皇が967（康保《こうほう》4）年に亡くなると、その第2皇子である冷泉《れいぜい》天皇が即位します。まだ18歳と若年であったことと、病弱であったことから、藤原実頼《さねより》が関白となり、政務を執ります。

2年後の969（安和《あんな》2）年、左大臣で醍醐天皇の子にあたる源高明《たかあきら》が、安和の変で左遷されると、藤原氏の勢力はいよいよ不動のものとなります。安和の変の結果、つねに摂政・関白が置かれることとなると、次は藤原氏内部で摂政・関白の地位をめぐる争いが起こるようになります。

972（天禄《てんろく》3）年には、藤原兼通《かねみち》と弟の**藤原兼家**《かねいえ》との間で、990（永祚《えいそ》2）年には、兼家の長子の道隆《みちたか》と、第2子の道兼《みちかね》との間で関白の地位が争われ、兄弟が順番に関白の地位に就くこととなりました。

こうした摂関家内部の争いは、996（長徳《ちょうとく》2）年に**藤原道長**《みちなが》が権力を握ることでおさまります。

藤原氏最盛期の略系図

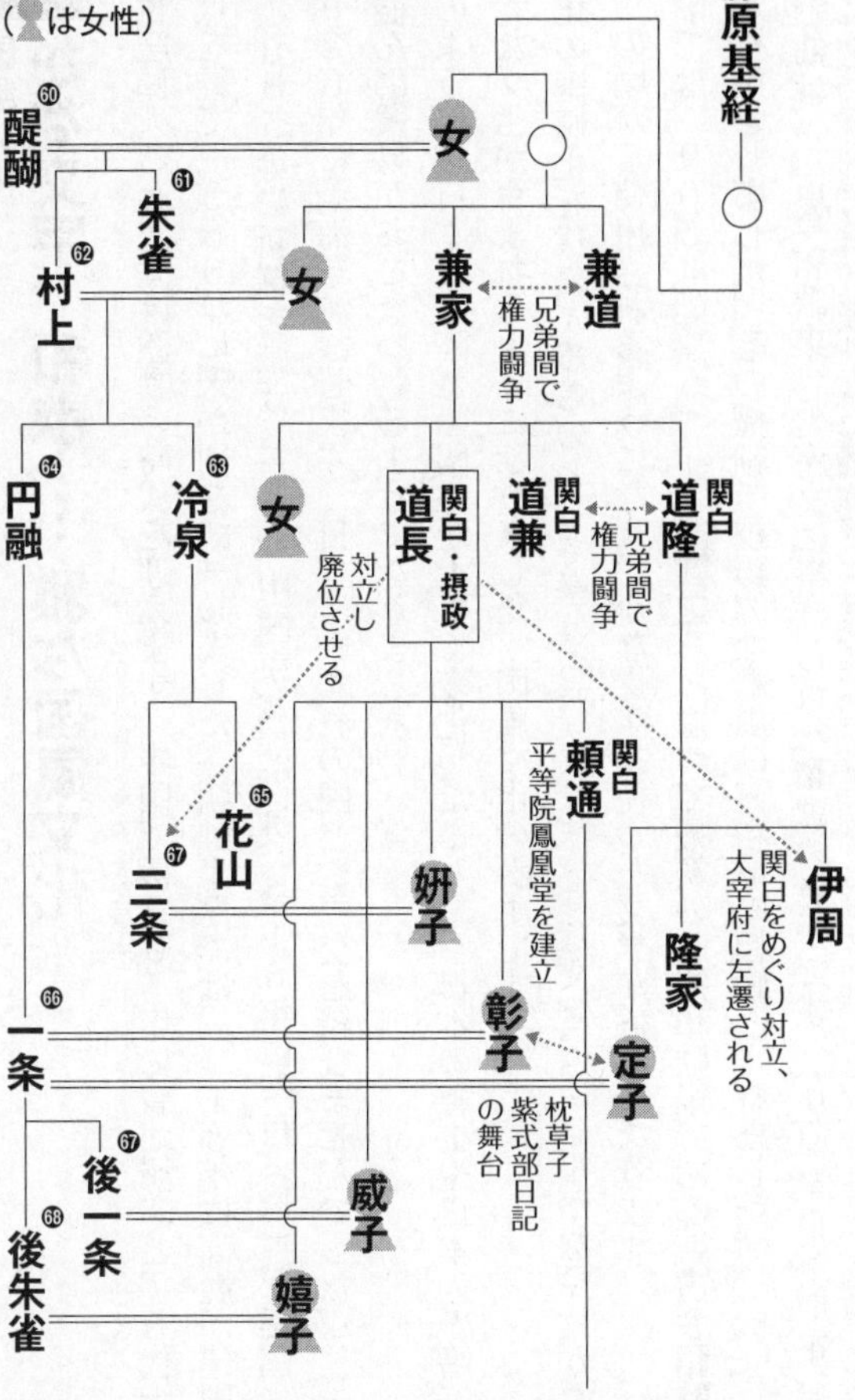

（●は女性）
藤原基経
60 醍醐
女
61 朱雀
62 村上
女
兼家
兼道
兄弟間で権力闘争
64 円融
63 冷泉
女
関白・摂政 道長
関白 道兼
関白 道隆
兄弟間で権力闘争
対立し廃位させる
関白 頼通
平等院鳳凰堂を建立
65 花山
67 三条
妍子
伊周
関白をめぐり対立、大宰府に左遷される
隆家
66 一条
彰子
定子
枕草子 紫式部日記の舞台
67 後一条
威子
68 後朱雀
嬉子

6 国風文化
かな文字、和歌……雅な国風文化

10世紀に入ると大陸は激動の時代を迎えます。中国では907年に唐が滅ぶと、五代十国時代を経て、960年に宋《そう》が国を統一しました。朝鮮半島では、918年に高麗《こうらい》が建国され、935年に新羅を滅ぼします。中国東北部では、916年に契丹《きったん》（遼《りょう》）が建国されれ、926年に渤海《ぼっかい》を滅ぼします。日本はいずれの国とも国交を結びませんでしたが、一方で盛んに貿易がおこなわれるようになりました。

このように、日本と大陸との関係が大きく変化したことで、日本の風土や日本人の嗜好《しこう》に合った文化が育まれるようになりました。国風文化の誕生です。

文化の国風化を代表するものとして挙げられるのが、かな文字です。平がなや片かなは、この頃から使用されるようになり、かな文字を使った文学が盛んになります。

和歌では、905（延喜5）年、**紀貫之**《きのつらゆき》らによって最初の勅撰和歌集である『**古今和歌集**』が編集されました。その繊細で技巧的な歌風は、和歌の模範とされました。

六歌仙《ろっかせん》は、『古今和歌集』の序文に挙げられた和歌の名手です。在原業平《ありわらのなりひら》・僧正遍昭《そうじょうへんじょう》・喜撰法師《きせんほうし》・大友黒主《おおとものくろぬし》・文屋康秀《ふんやのやすひで》・小野小町《おののこまち》の6人を指します。

かな文字による物語も多く書かれました。伝説を題材にした『**竹取物語**』や、在原業平をモデルとした『**伊勢物語**』、**紫式部**《むらさきしきぶ》の『**源氏物語**』など、現代にも読み継がれるすばらしい作品が生まれたのです。

随筆では、**清少納言**《せいしょうなごん》の『**枕草子**』が、かな文字の日記では、紀貫之の『**土佐日記**』などが有名です。書道も、日本風の優美な線を表した和様が発達し、小野道風《みちかぜ》・藤原佐理《すけまさ》・藤原行成《ゆきなり》の**三蹟**《さんせき》（跡）と呼ばれる名手が現れました。

仏教においては、来世で極楽浄土に往生することを願う浄土教が流行します。浄土教は、10世紀半ばに**空也**《くうや》が京の市中で説き、源信《げんしん》（恵心僧都《えしんそうず》）が『**往生要集**《おうじょうようしゅう》』を著すことで人々に広まっていきました。

また、浄土教では阿弥陀仏《あみだ》が信仰されたことから、阿弥陀堂建築や阿弥陀如来像《にょらい》が多く造られるようになります。藤原頼通《よりみち》の建立した**平等院鳳凰堂**《びょうどういんほうおう》は阿弥陀堂の代表的な建築物です。仏師の定朝《じょうちょう》は、寄木造《よせきづくり》の手法を完成させ、阿弥陀如来像の大量生産を可能にしました。また、往生しようとする人を迎えるため、仏が来臨《らいりん》する様子を描いた来迎図《らいごうず》が盛んになったのもこの頃です。

貴族の住宅は、寝殿造《しんでんづくり》と呼ばれる日本風のものになり、襖《ふすま》や屏風《びょうぶ》には美しい大和絵が描かれるようになりました。

豆知識

末法思想とは？

末法思想とは、仏教における歴史観の1つです。釈迦が入滅《にゅうめつ》（亡くなること）した後、最初の千年は正法といって釈迦の教えが正しく伝わっている時期、そして次の千年を像法《ぞうぼう》といい、釈迦の教えがぼんやりとしか伝わらない時期、そして次の1万年を末法といい、釈迦の教えがまったく伝わらない時期となります。この末法の元年を1052（永承《えいしょう》7）年とする考え方です。

第10講 摂関政治の全盛と院政の開始——11世紀

平安時代中期

11世紀前半・後半

11世紀は前半と後半に分けることができます。そしてこれらは、それぞれ2つの時期に細かく区分できます。

●11世紀前半　摂関政治の全盛

1 藤原道長の時期　親政　寛平の治

2 藤原頼通の時期

●11世紀後半　院政

1 後三条天皇の時期

2 白河上皇の時期

11世紀後半からは、いよいよ中世となります。それでは、11世紀前半からみていきましょう。

1 藤原道長の時期（996～1017年）

この世をばわが世とぞ思う……

藤原道長は、摂政・関白を歴任した藤原兼家の3男でした。まず、父の兼家を継いで関白になったのは、長男の道隆でした。道隆の死後は、兄で次男の道兼《みちかね》が関白となります。しかも後には、長男の道隆の子の伊周《これちか》が、後継者として控えていました。

つまり、道長は、どちらかというと主流派ではなく、摂政や関白になれる立場ではなかったのです。

しかし、長男の道隆と、次男の道兼が相次いで亡くなると、道長は、父親の後ろ盾を失った伊周と激しい政争をおこないます。そして、996（長徳2）年、伊周を大宰府に左遷し、自身は左大臣となって、摂関家の頂点に立つのです。

藤原道長は、4人の娘を皇后や皇太子妃として、30年にわたって朝廷で大きな力を振るいました。長女の彰子《しょうし》を一条《いちじょう》天皇の皇后に、次女の妍子《けんし》を三条《さんじょう》天皇の中宮《ちゅうぐう》に、威子《いし》を後一条《ごいちじょう》天皇の中宮に、嬉子《きし》を後朱雀《ごすざく》天皇の妃にしたのです。彰子は、後一条天皇と後朱雀天皇を産み、嬉子は後冷泉《ごれいぜい》天皇を産みます。道長は天皇の母方の祖父、つまりは「外祖《がい》父」として権力を握りました。

1016（長和5）年、道長は、対立していた三条《さんじょう》天皇を、眼病を理由に退位に追い込み、彰子の産んだ後一条天皇を即位させます。後一条天皇はわずか8歳で即位したので、道長は摂政となります。こうして権力基盤を確保した道長は、子の藤原頼通《よりみち》に摂政の地位を譲ります。

ちなみに、道長は別名「御堂関白《みどうかんぱく》」と呼ばれていますが、実際に関白にはなっていません。

2 藤原頼通の時期（1017〜1067年）
3代の間、実権を握り続けた50年

藤原頼通は、後一条・後朱雀・後冷泉の3天皇のもとで50年にわたって摂政・関白をつとめた人物です。

1017（寛仁《かんにん》元）年、頼通は、後一条天皇の関白となりました。後一条天皇は彰子の子です。この天皇は世継ぎが生まれないまま29歳で亡くなりました。

続いて即位するのは、同じく彰子が産んだ後朱雀天皇で、頼通は引き続き関白となります。

1045（寛徳《かんとく》2）年に後朱雀天皇が亡くなると、後朱雀天皇の子で嬉子が産んだ後冷泉天皇が即位しました。そして、頼通は、1067（治暦《じりやく》3）年76歳になるまで関白をつとめあげます。

3 土地の没収で天皇の復権

後三条天皇の時期（1068〜1073年）

1068（治暦4）年、後冷泉天皇が亡くなります。藤原頼通の娘も天皇のもとに嫁ぎましたが、あいにく男の子が生まれませんでした。そのため、摂政・関白を外戚《がいせき》としない**後三条天皇**《ごさんじょうてんのう》が即位しました。後三条天皇は、学者の大江匡房《おおえのまさふさ》を登用し、国政の改革に着手します。

摂関家の財政基盤は、膨大《ぼうだい》な荘園でした。後三条天皇は、荘園の増加が公領《こうりょう》と呼ばれる国家の土地を減らしている原因だと考えたのです。

そこで1069（延久元）年に**延久《えんきゅう》の荘園整理令**を出します。この法律は、違反している荘園を没収するというものです。その際、摂関家の荘園も例外とはしなかったため、荘園整理はかなりの成果をあげ、摂関家に大きな打撃を与えました。

4 白河天皇・上皇・法皇の時期（1073〜1129年）

院政のはじまり

後三条天皇が1073（延久5）年に40歳で亡くなると、子の**白河《しらかわ》天皇**が20歳で即位します。白河天皇は、後三条天皇の遺志を継いで、摂関家の力を弱める政策をおこないました。

そして、1086（応徳《おうとく》3）年、ついに**院政《いんせい》**をはじめるのです。院政とは、天皇を辞めた上皇《じょうこう》が、「前の天皇」という立場で、天皇を補佐するという形態です。前の天皇が出てきてしまっては、摂関家といえども手出しができません。摂関家の力を弱める最良の手段というわけです。

白河天皇は、当時わずか8歳の実子に天皇の位を譲ります。堀河《ほりかわ》天皇です。そして自らは、白河上皇となって堀河天皇を補佐します。白河上皇は1096（嘉保《かほう》3）年に出家しますが、その後も**法皇《ほうおう》**として政治の実権を握り続けます。

1107（嘉承《かしょう》2）年、堀河天皇が29歳で亡くなると、白河法皇は堀河天皇の子の**鳥《と》羽《ば》天皇**をわずか5歳で即位させます。さらに、鳥羽天皇に男の子が生まれると、1123（保安《ほうあん》4）年、鳥羽天皇を退位させ、わずか5歳のその男の子を**崇徳《すとく》天皇**として即位させるのです。

白河法皇は、こうして次々と幼い天皇を即位させることで、1129(大治《だいじ》4)年に亡くなるまでの43年もの間、院として権力を握り続けました。

第11講 平氏の台頭と滅亡――12世紀

12世紀は、3つの時期に分けることができます。この時代は院と平氏を中心に見ていくと、あらすじがわかりやすくなります。

●12世紀

1	12世紀前期	白河法皇・平正盛の時期
2	12世紀中期	鳥羽上（法）皇・平忠盛の時期
3	12世紀後期	後白河法皇・平清盛の時期

ちなみに12世紀以降、院政をおこなった人物としては、

●13世紀前期　後鳥羽上皇

がいます。白河・鳥羽・後白河・後鳥羽の順となっています。これをよく見てみると、「白河・鳥羽」→「『後』の字がついた白河・鳥羽」の順となっていることがわかります。

なお、ここで出てくる平氏は、伊勢・伊賀を基盤としていたので伊勢平氏と呼ばれます。

1 源平の武士の争い

白河法皇・平正盛の時期（1108〜1129年）

当時、白河法皇にとってもっとも厄介《やっかい》な存在だったのが、源氏でした。源氏はもともと摂関家の武士として仕える存在でした。その中でも、源義親《よしちか》が手に負えず、悩みの種でした。

1108（嘉祥3）年、平正盛《まさもり》は出雲《いずも》に赴き、源義親を討伐《とうばつ》します。この功績もあり、正盛は、院の近臣の1人となり、力を持つようになるのです。

2 海賊退治で平家武士の台頭

鳥羽上（法）皇・平忠盛の時期（1129〜1156年）

白河法皇が亡くなると、孫の**鳥羽上皇**（後の法皇）が院政をはじめます。鳥羽上（法）皇は、自らの子にあたる崇徳天皇、近衛《このえ》天皇、後白河《ごしらかわ》天皇の3天皇のもとで院政をおこなうのです。

鳥羽上（法）皇のもとで力を持つようになったのが、平正盛の子の**平忠盛《ただもり》**です。忠盛は、瀬戸内海の海賊《かいぞく》を平定したことで鳥羽上（法）皇の信任を得ると同時に、院の近臣として重く用いられるようになるのです。

3 平氏にあらずんば人にあらず

後白河法皇・平清盛の時期（1156〜1192年）

1156（保元《ほうげん》元）年、鳥羽法皇が亡くなります。すると、かつて皇位継承をめぐって鳥羽法皇と対立していた**崇徳上皇**が、左大臣藤原頼長《よりなが》と手を組んで、源為義《ためよし》・平忠正《ただまさ》といった武士たちを集めはじめたのです。

鳥羽法皇の立場を引き継いでいたのは、**後白河天皇**でした。後白河天皇は、若い頃から遊興にふけり、とりわけ現在の流行歌にあたる今様《いまよう》にのめり込んでいました。今様を歌いすぎて声が出なくなることもあったほどの遊び人で、父である鳥羽法皇に「天皇になる器ではない」と思われていました。

しかし、彼の運命を大きく変える事件が起こります。弟の近衛天皇の急死です。次期天皇候補は守仁親王《もりひとしんのう》でしたが、守仁親王は幼少だったため、成人するまでの中継ぎとして、守仁親王の父にあたる後白河天皇が即位することになったのです。さらに、鳥羽法皇の突然の死と崇徳上皇の動きを受けて、とうとう鳥羽法皇の遺志を受け継いで戦う立場となったのです。

後白河天皇は、信西《しんぜい》（藤原通憲《みちのり》）のアドバイスを受け、**平清盛《きよもり》**や**源義朝《よしとも》**らの武士を動員し、上皇方をやぶります。これを**保元の乱**といいます。

後白河上皇が院政をはじめると、院の側近の間で対立が起こるようになりました。1159（平治《へいじ》元）年、平清盛は、対立する勢力であった源義朝らを倒し、義朝の子の源頼朝《よりとも》を伊豆に流します。これを**平治の乱**といいます。

保元の乱、平治の乱を経て、清盛の権力は絶大なものとなります。1167（仁安《にんあん》2）年には武士として初の**太政大臣**となり、一族もみな高位高官にのぼるようになりました。平時忠《ときただ》が「平氏にあらずんば人にあらず」と言ったのもこの頃です。

しかし、こうした平氏による官職の独占は、排除された旧勢力から大きな反感を買うこととなります。1177（治承《じしょう》元）年には僧の**俊寛《しゅんかん》**らによって、平氏打倒をはかる**鹿《しし》ケ《が》谷《たに》の陰謀《いんぼう》**が起こります。

平氏打倒計画に怒った清盛は、1179（治承3）年、後白河法皇を幽閉《ゆうへい》し、多数の貴族の官職を奪って処罰するという強硬手段に出ました。

さらに、翌1180（治承4）年には、清盛の娘の徳子《とくこ》（**建礼門院《けんれいもんいん》**）と高倉《たかくら》天皇の間に生まれたわずか3歳の子を安徳天皇《あんとく》として即位させ、権力を一手に握ります。

これらの動きに反発した貴族や地方武士が中心となって、平氏打倒の動きが起こり、1185（元暦《げんりやく》2）年、長門《ながと》の壇《だん》の浦《うら》で平氏は滅亡してしまうのです。

豆知識

源平の合戦（治承・寿永《じゆえい》の乱）

1180（治承4）年、後白河法皇の子の以仁王《もちひとおう》と、源頼政《よりまさ》は、平氏打倒の兵を挙げ、諸国の武士などに挙兵を呼びかけました。

この呼びかけに応じて、まず園城寺《おんじようじ》（三井寺《みいでら》）や興福寺《こうふくじ》の僧兵たちが立ちあがります。続いて、伊豆に流されていた源頼朝や、信濃《しなの》の木曽谷《きそだに》にいた源義仲《よしなか》などが挙兵し、内乱は全国的に広がっていきます。

これに対して、平氏は都を福原京《ふくはら》（現在の神戸市）へと移しましたが、まもなく京都に戻るなど、迷走を続けます。1181（治承5）年には、平清盛が亡くなってしまい、さらに飢饉《ききん》が起こるなどしたため、平氏の基盤は弱体化していくのです。

1183（寿永2）年、倶利伽羅峠《くりからとうげ》の戦いで源義仲に敗北した平氏は、安徳天皇とともに西国に都落ちしました。
源頼朝は、弟の源範頼《のりより》・源義経《よしつね》に命じて平氏を追い詰めます。摂津《せっつ》の一の谷、讃岐《さぬき》の屋島《やしま》の合戦を経て、1185（元暦2）年、ついに平氏は長門の壇の浦で滅亡したのです。

4 院政期の文化
仏教の教えにもとづいた庶民文化

院政期の文化の特徴は、「文化が地方に広まっていく」ことと「庶民が文化の担い手になる」ことです。

この頃には、浄土教の思想が全国に広まっていきます。**奥州藤原氏**の建てた平泉《ひらいずみ》の**中尊寺金色堂**《ちゅうそんじこんじきどう》をはじめとして、地方豪族の造った阿弥陀堂が各地に建てられます。また、平氏が信仰した安芸《あき》（広島県）の**厳島**《いつくしま》**神社**には、華麗な平家納経《へいけのうきょう》が残されています。『**今昔物語集**《こんじゃくものがたりしゅう》』は、インド（天竺《てんじく》）・中国（震旦《しんたん》）・日本（本朝《ほんちょう》）の3部からなる説話集で、当時の庶民の生活をうかがうことができる貴重な史料です。

藤原道長の栄華を描いた『栄花《えいが》（華）物語』や『**大鏡**』といった歴史物語や、平将門《まさかど》の乱を描いた『将門記《しょうもんき》』などの軍記物語が著されたのもこの頃です。

絵画では、大和絵と詞書と呼ばれる文章からなる**絵巻物**が作られるようになりました。源氏物語を題材にした『源氏物語絵巻』や、動物を擬人化して描いた『**鳥獣戯画**《ちょうじゅうぎが》』などがあります。

執権政治の確立——鎌倉時代前期

鎌倉時代のはじまりは、現在の教科書では、1192年の源頼朝の征夷大将軍就任ではなく、1185年の守護・地頭の設置からとなっています。鎌倉幕府という政治体制が実質的にスタートした時を鎌倉幕府の成立としたわけです。

鎌倉時代は、大きく分けると前半期と後半期に分けることができます。そして、この前半期（鎌倉幕府の成立から執権政治の確立まで）は、次のように細かく区分できます。

●13世紀前期　源氏将軍の時期（1185～1219年）

1 源頼朝の時期　1185～99年

2 北条時政の時期　1200～05年　源氏将軍の時期

3 北条義時の時期　1205～24年

●13世紀中期　源氏以外の将軍の時期（1219～63年）

4 北条泰時の時期　1224～42年　源氏以外の将軍の時期

5 北条時頼の時期　1246〜56年　源氏以外の将軍の時期

1263年以降も、1333年の鎌倉幕府滅亡まで源氏以外の将軍が続くのですが、鎌倉時代前期の時期区分ということで、ここでは1256年までとしています。

初代将軍が源頼朝で、2代将軍が源頼家、3代将軍が源実朝となります。頼家も実朝も頼朝の子です。

北条氏は、時政（初代執権）の子が義時（2代執権）、義時の子が泰時（3代執権）、泰時の孫が時頼（5代執権）となります。

それでは、鎌倉時代前半期を詳しくみていきましょう。

1 あっけない幕切れ

源頼朝の時期（1185〜99年）

源頼朝は、保元の乱で活躍した源義朝の子です。平治の乱で伊豆に流されますが、頼朝は、この地で東国の武士を集め、関東で力を持っていきます。

1185（文治《ぶんじ》元）年、平氏が滅ぶと、頼朝は、鎌倉《かまくら》に幕府を開きます。最初の武家政権の誕生です。1192(建久3)年に後白河法皇が亡くなると、後鳥羽天皇から**征夷大将軍**に任命され、名実ともに鎌倉幕府が成立するのです。

頼朝は、圧倒的な力で専制政治をおこないましたが、1199(建久《けんきゅう》10)年、53歳でその生涯を終えます。1100年代の終わりの年が、ちょうど頼朝の生涯の終わりとなるわけです。

豆知識

鎌倉幕府の成立は1185年!

最近の教科書では、鎌倉幕府の成立を1192(建久3)年ではなく、1185(文治元)年と記すようになりました。

1192年は、源頼朝が征夷大将軍に就任した年です。本来ならば、征夷大将軍に就任することで鎌倉幕府の成立ということになるのですが、頼朝は、その前から実質的に武家政権である鎌倉幕府を運営していました。

1185(元暦《げんりゃく》2)年、平氏が滅亡すると、後白河法皇は頼朝の力を恐れて、源義経に頼朝の追討を命じました。これに怒った頼朝は、後白河法皇に詰め寄り、守護《しゅご》と地頭《じとう》を置くことを認めさせるのです。守護とは国内の御家人《ごけにん》を統率する職名で、地頭とは、荘園・公領内の警察・裁判権を有する職名です。守護と地頭の設置により、頼朝は、東国中心に持っていた支配権を、西国にも拡大させ、鎌倉幕府を開くことになったのです。

2 陰謀のにおいがする将軍家

北条時政の時期（1200〜05年）

頼朝の死後、力を持つのが**北条時政**《ほうじょうときまさ》です。北条時政は、頼朝の妻である**北条政子**《まさこ》の父にあたる人物です。

頼朝が亡くなると、頼朝の子の**源頼家**《よりいえ》が2代将軍となります。頼家は、頼朝とは異なり、御家人を統率する力に欠けていました。そこでおこなわれたのが、13名の合議制です。これは、頼朝の側近だった人物と、有力御家人による合議制のことです。

しかし、これをきっかけに、御家人同士で政治の主導権をめぐる争いが起こります。1200（正治2）年には、石橋山《いしばしやま》の戦いで頼朝を救った梶原景時《かじわらかげとき》が戦死します。そして1203（建仁3）年には、頼家の後見役であった比企能員《ひきよしかず》が、北条時政によって滅ぼされます。北条時政は、頼家を将軍職から廃し、頼家の弟にあたる**源実朝**《さねとも》を3代将軍に立てるのです。この時、時政は、政務を担当する政所《まんどころ》の長官となりますが、その地位のことを**執権**《しっけん》といいます。

ちなみに、将軍職を剥奪《はくだつ》された頼家は、伊豆の修禅寺《しゅぜんじ》に幽閉されて、翌1204（元《げん》久《きゅう》元）年に暗殺されてしまいます。

3 山より高く海より深いと言いながら……

北条義時の時期（1205～24年）

北条時政は、執権に就任したわずか2年後の1205（元久2）年、子の**北条義時**《よしとき》に執権の地位を譲ります。これによって執権職の世襲《せしゅう》がはじまるわけです。

義時は、1213（建暦《けんりゃく》3）年、侍所《さむらいどころ》の長官であった**和田義盛**《わだよしもり》を滅ぼし、侍所別当《べっとう》の地位を奪います。侍所とは、御家人を統率する機関であり、ここの長官に就くことで、御家人を監督下に置くことができるわけです。侍所別当に就任した結果、義時は、政所と侍所の別当を兼任するようになり、絶大な権力を握ります。

この頃、京都の朝廷では、**後鳥羽上皇**《ごとば》が中心となって朝廷政治の立て直しがおこなわれていました。上皇は西面《さいめん》の武士を置いて軍事力の増強を図ることで、院政を強化し、幕府

源氏（鎌倉幕府）の略系図

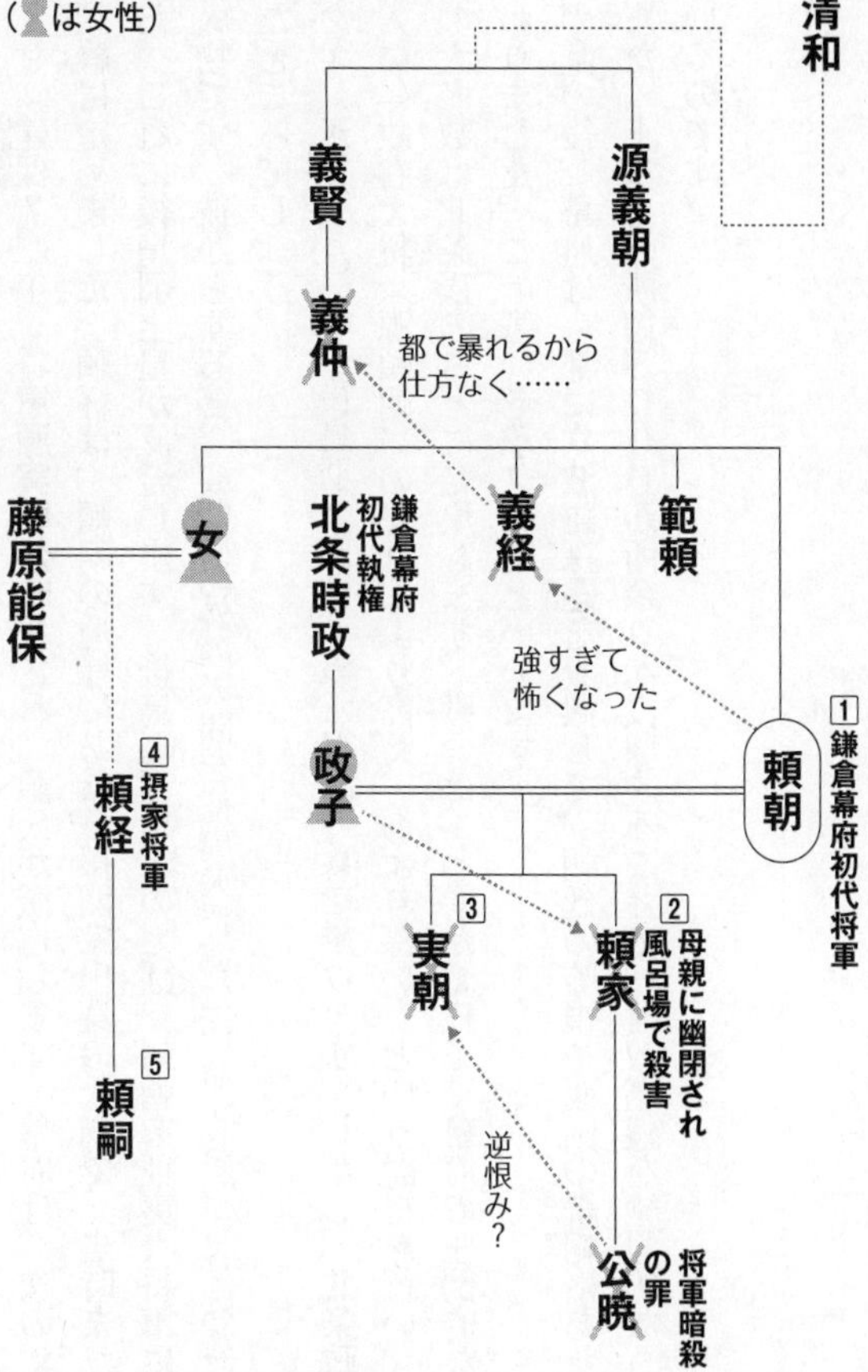
（は女性）
清和 56
源義朝
義賢
義仲
都で暴れるから
仕方なく……
範頼
義経
強すぎて
怖くなった
北条時政
鎌倉幕府
初代執権
女
藤原能保
1 頼朝
鎌倉幕府初代将軍
政子
2 頼家
母親に幽閉され
風呂場で殺害
3 実朝
逆恨み？
公暁
将軍暗殺
の罪
4 頼経
摂家将軍
5 頼嗣

と対抗していこうと考えていました。

1219（建保《けんぽう》7）年、将軍**源実朝**が暗殺され、源氏が滅亡します。幕府は、次の将軍を藤原頼経《よりつね》に定めました。頼経は、頼朝の遠縁にあたる摂関家出身の人物で、当時まだ2歳でした。これに後鳥羽上皇が反発します。後鳥羽上皇といえば、頼朝を征夷大将軍に任命した人物です。彼からすると、「源氏以外の人間を征夷大将軍に任命するつもりはない」といったところでしょう。

1221（承久《じょうきゅう》3）年、後鳥羽上皇は、義時追討の兵を挙げます。しかし、**北条政子**は御家人に「故右大将（源頼朝）の恩は山より高く、海より深い」という説得を行い、東国武士の大多数は北条氏のもとに結集します。戦いは、わずか1日で、幕府の圧倒的な勝利に終わりました。この戦いを**承久の乱**といいます。

承久の乱の後、幕府は京都に**六波羅探題**《ろくはらたんだい》を設置して、朝廷の監視や西国の統轄《とうかつ》にあたります。また、上皇方の所領3000か所余りを没収することで、財政基盤を絶対的なものにしていくのです。

4 北条泰時の時期(1224〜42年)
御成敗式目(貞永式目)の制定

2代執権義時が1224(貞応《じょうおう》3)年に亡くなると、子の北条泰時《やすとき》が3代執権となります。翌1225(嘉禄元)年には、頼朝の政治上のサポート役を長年やっていた大江広元と、頼朝の妻で尼将軍として力を持っていた北条政子が相次いで亡くなります。鎌倉幕府を最初から牽引《けんいん》していた主要人物がすべて亡くなったわけです。

そこで、北条泰時は、政治体制の確立を図ります。カリスマ的な指導者がいなくても幕府がうまく機能するようにしようと考えたわけです。

まずは、執権を補佐する連署《れんしょ》を定め、北条氏の有力者に担当させます。ついで、有力御家人など11人を**評定衆**《ひょうじょうしゅう》に選びます。これにより、執権・連署・評定衆による合議制が確立するのです。これを**執権政治**といいます。重要なのは、執権政治というのは、決して執権の独裁政治ではないということです。有力御家人による合議制だったため、御家人の不満が起こりにくく、安定して長続きするわけです。

1232(貞永《じょうえい》元)年には、**御成敗式目**《ごせいばいしきもく》(**貞永式目**)を制定します。これは頼朝以来の先例や、道理と呼ばれた武士社会での慣習にもとづいて作られた武家社会の基本法典です。このように政治体制を整えることで、執権政治は安定期を迎えることになります。

豆知識

尼将軍、奇跡の演説

北条政子は、承久の乱の際に、御家人たちを説得する演説をおこないます。

「皆よ、よく聞くのです。これが最後の言葉です。亡き頼朝公が平家を滅ぼし、この関東の地に武士の世の中を築いて以来、今日に至るまで、あなた方が手に入れた官位や収入は、とても大きなものです。このご恩は、山よりも高く、海よりも深いものです。この頼朝公のご恩に報いる志は決して浅くてはなりません。

名を惜しむ者は今こそ立ち上がり、逆賊を討ちなさい。ここまで言っても後鳥羽上皇に味方したい者は今すぐに申し出なさい」

この説得を聞いた御家人は、幕府側について戦うことになり、承久の乱はわずか1日で幕府側の勝利に終わりました。

5 北条時頼の時期（1246〜56年）
皇族将軍の誕生と北条家の栄華

1242（仁治《にんじ》3）年、泰時が亡くなると、4代執権には泰時の孫にあたる経時《つねとき》が就任します。しかし経時は執権就任の4年後、わずか23歳で亡くなってしまうのです。

5代執権には、経時の弟の**北条時頼**《ときより》が就任します。彼も3代執権泰時の孫であり、祖父の泰時の政策を受け継ぎます。時頼は、増加する所領の訴訟に対応するため、所領に関する訴訟を専門に担当する**引付衆**《ひきつけしゅう》を任命します。

また、時頼は頼経の子でわずか6歳の藤原頼嗣《よりつぐ》を将軍とし、4代将軍の藤原頼経を京都に送り返します。また、1247（宝治《ほうじ》元）年には、宝治合戦で有力御家人であった三浦《みうら》泰村《やすむら》の一族を滅ぼし、北条氏の地位を絶対的なものにしていくのです。

さらに、1252（建長《けんちょう》4）年には、藤原頼嗣を将軍職から解任し、後嵯峨《ごさが》天皇の子でわずか11歳の宗尊親王《むねたかしんのう》を6代将軍に立てます。皇族を将軍とすることで、将軍の権威を高めながら、北条氏が実権を握ることに成功し、これ以降、将軍は代々皇族がつとめることになります。これを**皇族将軍**といいます。

第13講 鎌倉幕府の動揺と滅亡――鎌倉時代後期

まず、前回の復習です。

鎌倉時代は、前半期と後半期に分けることができました。この第13講で取り上げる後半期（元寇から鎌倉幕府の滅亡まで）は、次のように3つの時期に区分できます。

●鎌倉時代後半期（13世紀後期・14世紀前期）

1	13世紀後期	8代執権北条時宗の時期　元寇
2	13世紀末期	9代執権北条貞時の時期　北条氏の独裁
3	14世紀前期	14代執権北条高時の時期　鎌倉幕府の滅亡

「北条高時の時期」については、第14講で扱うので、ここでは元寇が起こった「北条時宗の時期」から、北条氏が独裁政権を確立するまでをお話しします。

1 北条時宗の時期（1268〜84年）
大陸からの来襲――元寇

1268（文永《ぶんえい》5）年、8代執権に就任するのが、北条時頼の子である**北条時宗**《ときむね》です。14歳で執権の補佐役である連署となった時宗は、わずか18歳で執権となります。

中国では、モンゴル民族の**フビライ＝ハーン**が皇帝をつとめる**元**《げん》という国が、日本に対して服属するように要求してきました。

執権の北条時宗はこの要求を拒否したため、元は約3万の兵で、1274（文永11）年、九州北部の博多湾に上陸しました。元軍の集団戦法や「**てつはう**」と呼ばれる火薬を用いた武器を前に、日本軍は苦戦します。しかし元軍は、たまたま発生した暴風雨にあって撤退しました。これを**文永の役**といいます。

ところが、1279（弘安《こうあん》2）年、元は中国の南宋《なんそう》を滅ぼして中国を統一すると、再び日本の征服《せいふく》を目指すのです。1281（弘安4）年、元軍は10万人以上の軍勢で九州北部を襲います。日本軍は必死になって元軍の博多湾岸上陸を阻止《そし》します。するとまたも暴風雨が発生して元軍は敗退します。これを**弘安の役**といいます。文永の役と弘安の役を合わせて**元寇**《げんこう》といいます。

元寇を撃退するという目的のもとで、幕府の力は全国的に強化されていくのです。そして、元軍を退けた時宗は、1284(弘安7)年、34歳の若さで病死します。

豆知識

世界最大の帝国〜モンゴル帝国〜

日本で鎌倉時代がはじまった13世紀初め、モンゴル高原に**チンギス=ハーン**(成吉思汗)が現れます。チンギス=ハーンはモンゴル民族を統一して中央アジアから南ロシアまでを征服しました。

チンギス=ハーンの後継者であるオゴタイは、ヨーロッパ遠征をおこない、ユーラシア大陸の東西にまたがる大帝国を建設しました。

チンギス=ハーンの孫がフビライ=ハーンです。フビライは中国を支配するため都を大都《だいと》(現在の北京)に移し、国号を元と定め、朝鮮半島の高麗を服属させます。そして中国の南宋を滅ぼし、日本征服をもくろんだのです。

2 北条貞時の時期（1284〜1311年）

北条氏の独裁

8代執権時宗が急死すると、子の**北条貞時**《さだとき》がわずか13歳で9代執権に就任します。元寇を追い払ったことで、幕府の支配権が全国的に強化されていきますが、これにしたがって、北条氏の力は拡大していきます。とりわけ北条氏の中でも、家督を継ぐ立場にある**得**《とく》**宗**《そう》の力が強大となりました。

それにともない、得宗の家臣である御内人《みうちびと》が、有力御家人と肩を並べるようになります。1285（弘安8）年には、有力御家人の安達泰盛《あだちやすもり》が御内人のトップである平頼綱《よりつな》に滅ぼされる、霜月騒動《しもつきそうどう》という事件が起こるほど御内人の力は強くなります。

このように得宗が絶対的な権力を持ち、得宗の家臣である御内人が幕政を主導する政治体制を**得宗専制政治**と呼びます。全国の守護の半分以上を北条氏一門が占めるようになり、北条氏の独裁が強まっていくのです。

一方で、元寇において幕府は、御家人に対して十分な恩賞を与えることができませんでした。このことが、幕府に対する不信感を高める原因となります。

十分な恩賞を得ることのできなかった御家人たちは窮乏化しました。そこで幕府は、 1

297（永仁《えいにん》5）年、**永仁の徳政令《とくせいれい》**を出し、売却した御家人の領地を無償で取り戻させるようにしましたが、効果は一時的なものにすぎませんでした。

豆知識

鎌倉幕府崩壊の真の理由

執権政治とは、執権である北条氏が独裁を行う政治ではありません。執権と、執権を補佐する連署《れんしょ》、そして合議機関である評定衆《ひょうじょうしゅう》の三者による合議政治が執権政治なのです。執権政治は合議政治なので、御家人たちは、一定の発言権を持つことができたのです。そのため、北条氏が執権になって、将軍に代わって政治の頂点に立っても大きな不満は出なかったのです。

しかし、得宗専制体制は、北条氏の家督を相続する得宗による独裁政治です。この政治では、得宗と得宗の家臣である御内人《みうちびと》、そして御内人の代表である内管領《うちかんれい》による独裁政治になったため、御家人たちの不満が盛り上がっていったのです。

北条氏の略系図

(□は執権、▒は得宗を指す)
(👤は女性)

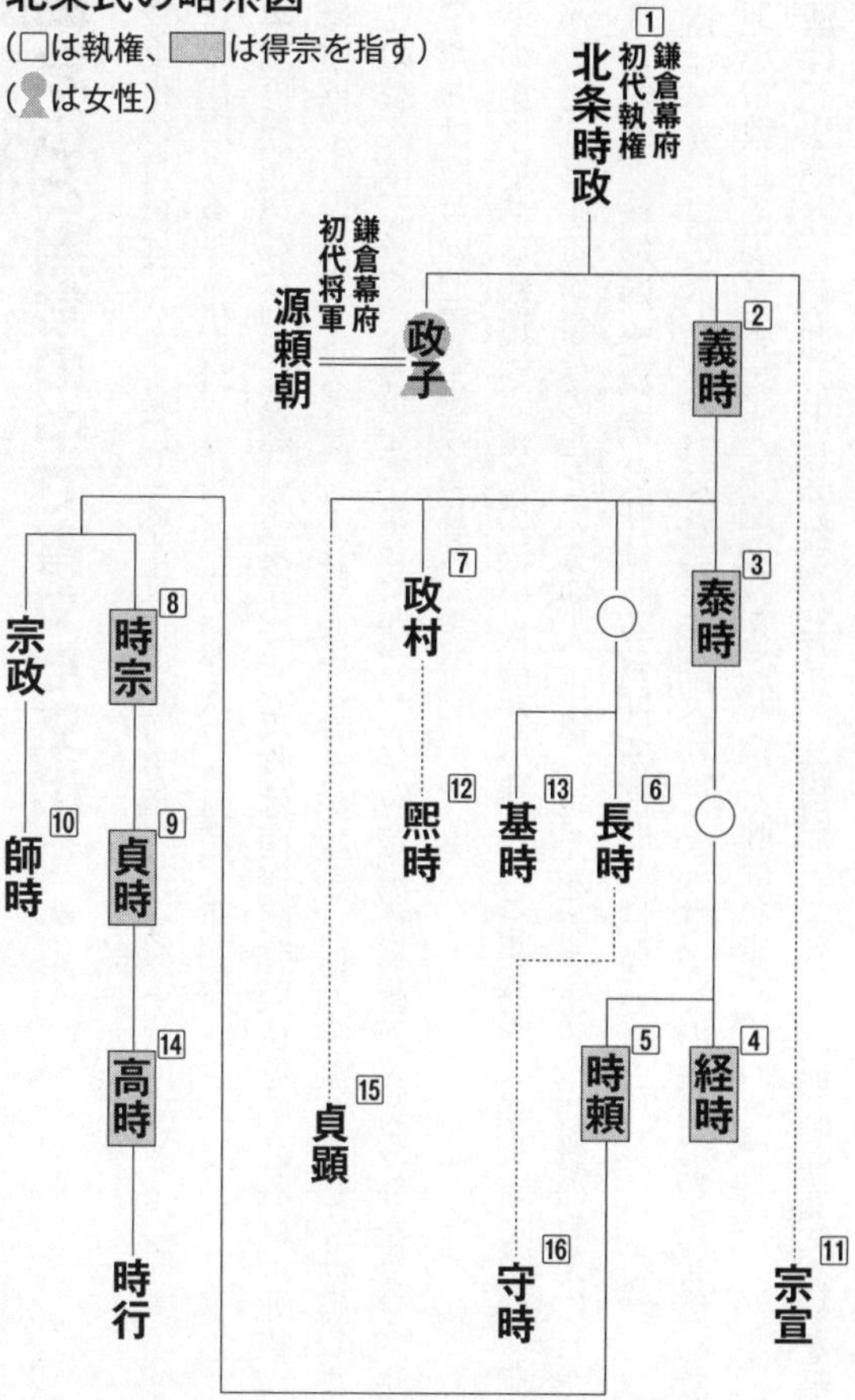

3 鎌倉文化

念仏と無常の中で育った文化

鎌倉文化の特徴は、公家文化と武士文化の並立と融合です。

鎌倉時代になると、仏教では新しい宗派が次々と誕生します。**浄土宗**《じょうどしゅう》の開祖となった**法然**《ほうねん》は、「**念仏**《ねんぶつ》」つまりは南無阿弥陀仏《なむあみだぶつ》を唱えれば、死後、平等に極楽浄土《じょうど》に往生できるという専修《せんじゅ》念仏の教えを説き、他の宗派を激しく非難しました。この教えは、多くの支持を得ましたが、一方で従来の仏教勢力から反発を受け、法然や弟子たちは厳しい迫害を受けました。

法然の弟子である**親鸞**《しんらん》は、煩悩《ぼんのう》の深い人間を「悪人」と定義し、「悪人」こそが、阿弥陀仏が救おうとする対象なのだという悪人正機《あくにんしょうき》の考えを説きます。親鸞の教えにしたがった人たちは、後に**浄土真宗**《じょうどしんしゅう》と呼ばれる教団を形成していきます。

一遍《いっぺん》は、すべての人が救われると説き、踊念仏《おどりねんぶつ》によって多くの民衆に教えを広めながら各地を布教して歩きました。一遍の教えは時宗《じしゅう》と呼ばれます。

日蓮《にちれん》は、法華経《ほけきょう》を釈迦の正しい教えと考え、「**題目**」つまりは南無妙法蓮華経《なむみょうほうれんげきょう》を唱えることで救われると説きました。

禅宗が伝わったのもこの頃です。禅宗とは、坐禅《ざぜん》によって自らを鍛え、釈迦の境地に近づいていくという教えで、**栄西**《えいさい》が宋からもたらしたものです。栄西は**臨済宗**《りんざいしゅう》の開祖となりました。鎌倉の建長寺《けんちょうじ》・円覚寺《えんがくじ》などが臨済宗の代表的な寺院です。

ただひたすら坐禅《ざぜん》に打ちこめと説いたのが、**曹洞宗**《そうとうしゅう》を開いた**道元**《どうげん》です。越前《えちぜん》(福井県)にある**永平寺**《えいへいじ》は、曹洞宗の代表的寺院です。

和歌においては、**後鳥羽上皇**の命で『**新古今和歌集**』が編纂されました。**藤原定家**《さだいえ》らの技巧的な和歌は、貴族文化の最高峰として高く評価されました。その一方で、武士の家に生まれた**西行**《さいぎょう》は『山家集《さんかしゅう》』を、将軍**源実朝**は万葉調の歌をよみ、『金槐和歌集《きんかいわかしゅう》』を残しました。

この時代の文学の特色として挙げられるのは、戦いを題材にした軍記物語です。『**平家物語**』は、平氏の興亡を描いたもので、**琵琶法師**《びわほうし》によって語られました。

随筆では、『**方丈記**《ほうじょうき》』の**鴨長明**《かものちょうめい》と、『**徒然草**《つれづれぐさ》』の**兼好法師**《けんこうほうし》が代表的なものです。どちらの作品も、その根底にあるのは「人間も社会もすべては移り変わっていく」という無常観です。また、慈円《じえん》は『愚管抄《ぐかんしょう》』を著し、道理による歴史の解釈をおこないました。

源平の争乱がはじまった1180(治承4)年、平重衡《しげひら》が東大寺・興福寺《こうふくじ》など奈良の寺院の焼き討ちをおこないましたが、これらの寺院の復興は新たな文化を生み出しました。

重源《ちょうげん》は各地を回って寄付を集め、東大寺の再建をおこないます。その時、東大寺南大門に採用された建築様式が**大仏様**であり、これは、大陸的な雄大さを持つダイナミックな建築様式です。

また、禅宗《ぜんしゅう》が盛んになると、**禅宗様**（唐様）という建築様式が伝えられます。繊細さと整然とした美しさが特徴で、円覚寺舎利殿《えんがくじしゃりでん》が代表的な遺構です。

奈良の寺院の再興にともない、新しい彫刻も誕生します。奈良仏師の**運慶**《うんけい》・**快慶**《かいけい》らが、多くの仏像彫刻を残しました。**東大寺南大門**の**金剛力士像**《こんごうりきしぞう》に代表されるように、非常に力強いのが当時の仏像の特徴であり、大仏様と通じるものがあります。

絵画では、絵巻物が多く描かれるとともに、個人の肖像を写実的に描く似絵《にせえ》が誕生します。藤原隆信《たかのぶ》・信実《のぶざね》父子は似絵の名手です。

第14講 鎌倉幕府から室町幕府へ――14世紀前半

鎌倉〜室町時代
14世紀前半

14世紀前半は、3つの時期に分けることができます。

1	北条高時の時期	1316〜33年	鎌倉幕府の滅亡
2	後醍醐天皇の時期	1334〜36年	建武の新政
3	足利尊氏の時期	1338〜58年	室町幕府の成立

それでは、各時期をみていきましょう。

1 北条高時の時期（1316〜33年）
鎌倉幕府の滅亡

まず、この頃、天皇家内部の対立があったことを押さえておきましょう。鎌倉時代中期、後嵯峨法皇が亡くなると、法皇の2人の息子が対立するようになります。後深草《ごふかくさ》上皇と亀山《かめやま》天皇です。1304（嘉元《かげん》2）年に後深草上皇が亡くなった後も、後深草上皇の流れをくむ持明院統《じみょういんとう》と亀山天皇の流れをくむ大覚寺統《だいかくじとう》が、皇位の継承や院政をおこなう権利などをめぐって対立を続けます。

鎌倉幕府は、両者の調停に入り、両方の系統が交代で皇位に就くことが決められました。これを両統迭立《りょうとうてつりつ》といいます。

1318（文保《ぶんぽう》2）年、持明院統の花園《はなぞの》天皇が退位すると、両統迭立の原則にもとづいて、大覚寺統の**後醍醐天皇**《ごだいご》が即位します。後醍醐天皇は、院政を廃して天皇親政をおこないました。

当時、幕府では14代執権**北条高時**《たかとき》が得宗として権力を握っていました。しかし、高時は遊興にふけって政治をかえりみなかったので、高時の家臣の**長崎高資**《ながさきたかすけ》が実質的に権力を振るっていました。当時は9代執権北条貞時《さだとき》がはじめた得宗専制政治がさらに推し進められていた時期でもあります。9代と14代ではずいぶん離れているように感じますが、14代執権高時は、9代執権貞時の子です。

北条氏とその家臣による独裁体制に、幕府の家臣である御家人たちは不満を強めていきます。これに目をつけたのが後醍醐天皇です。後醍醐天皇は、反幕府勢力を結集させて、幕府を倒そうと考えたのです。

しかし、この計画は、1324（正中《しょうちゅう》元）年、幕府側にもれて失敗しました。これを正中の変といいます。後醍醐天皇は、1331（元弘《げんこう》元）年にも討幕を企てましたが失敗し、とうとう幕府によって天皇の地位から落とされ、翌1332（元弘2）年、隠岐《おき》に流されました。これを元弘の変といいます。

この幕府の動きに対して、反幕府勢力が立ち上がります。後醍醐天皇の子の護良親王《もりよししんのう》や**楠木正成**《くすのきまさしげ》らが、幕府と戦いはじめるのです。

1333（元弘3）年、幕府軍の指揮官であった**足利高氏**《あしかがたかうじ》（後の尊氏）までもが幕府に背いて六波羅探題を攻め破ります。また、関東で挙兵した**新田義貞**《にったよしさだ》も鎌倉を攻め、**北条高時**らを滅ぼし、鎌倉幕府は150年の歴史に幕を閉じます。

2 後醍醐天皇の時期（1334～36年）建武の新政、はじまるも……

鎌倉幕府が滅ぶと、**後醍醐天皇**はただちに京都に戻り、当時天皇だった光厳《こうごん》天皇を退位させて、新しい政治をはじめました。これを**建武**《けんむ》**の新政**といいます。後醍醐天皇は、幕府はもちろんのこと、院政も摂政・関白もすべて否定し、天皇中心の政治をおこないます。

後醍醐天皇のおこなった極端な天皇中心の政治は、武士社会の慣習を無視していたため、多くの武士たちが不満を持つようになります。また、急に作った政府のため、政治や社会の混乱が相次ぎます。この混乱ぶりは、**二条河原落書**《にじょうがわらのらくしょ》において公然と批判されるなど、天皇の政治に対する不満は渦巻いていきました。

1335（建武2）年、北条高時の子である北条時行《ときゆき》が、鎌倉幕府を再興しようとして関東で反乱を起こします。これを**中先代の乱**《なかせんだい》といいます。この反乱の討伐のために派遣されたのが、**足利尊氏**でした。尊氏は関東に赴き、中先代の乱を平定すると、なんと建武の新政に対して反旗を翻したのです。

足利尊氏は、鎌倉幕府滅亡の最大の功労者の1人です。しかし、建武の新政において、彼は重要な職に任じられることはありませんでした。なぜなら、後醍醐天皇は、武士たちを極端に軽んじる政策をおこなっていたからです。これに尊氏は不満を持ち、ひそかに幕府政治の再建を目指していたのです。

1336（建武3）年、足利尊氏は京都に上ると、湊川《みなとがわ》の戦いで**楠木正成**を破り、京都を制圧します。尊氏は、持明院統の光明《こうみょう》天皇を立て、当面の政治方針である**建武式目**を発表しました。

これに対して後醍醐天皇は京都を逃れ、吉野の山中に籠もります。後醍醐天皇は吉野で、自分こそが正統な皇位継承者であると主張しました。

こうして吉野の南朝と京都の北朝が対立する南北朝の動乱がはじまったのです。この対立は、1392（明徳《めいとく》3）年まで、およそ60年間も続きます。

3 室町幕府の成立
足利尊氏の時期（1338〜58年）

1338（暦応《りやくおう》元）年、**足利尊氏**は征夷大将軍に任ぜられます。**室町幕府**《むろまち》の成立です。尊氏は、弟の**足利直義**《ただよし》と政務を分担して政治をおこないました。しかし間もなく兄弟は対立していきます。

直義は漸進派《ぜんしん》でした。これに対して、尊氏は、急進派の**高師直**《こうのもろなお》を執事に任命し、自らの右腕としていきます。その結果、足利直義の漸進派と、高師直との急進派の間で、対立が深刻になります。

そして1350（観応《かんのう》元）年、漸進派と急進派は武力衝突します。これを**観応の擾乱**《かんのうのじょうらん》といいます。翌1351（観応2）年には、高師直が倒され、1352（観応3）年、足利直義までもが毒殺されますが、その後も、尊氏派と旧直義派、そして南朝の3つの勢力が、10年余りも対立を続けることとなります。

1358（延文《えんぶん》3）年、尊氏が亡くなると、子の足利義詮《よしあきら》が2代将軍となります。

豆知識

吉野の歴史、桜の歴史

吉野にはじめて桜が植えられたのは、今から約千三百年前のことです。役《えんの》小角《おづの》という修行僧が、千日にわたって祈禱《きとう》を続けたところ、民衆を救う金剛蔵《こんごうざ》王権現《おうごんげん》が現れました。小角はこの姿を傍《かたわ》らに合った桜の木に刻んだことから、吉野では、桜は蔵王権現を供養する「ご神木」とされるようになったのです。

吉野の桜を広めたのは、西行《さいぎょう》法師です。西行はもともと佐藤義清《のりきよ》という武士で、23歳の時、突如出家しました。出家した西行は、3年もの間、吉野に住み、奥千本の辺りに庵《いおり》まで結び、吉野について50首以上の歌を残しました。芭蕉《ばしょう》・蕪村《ぶそん》・良寛《りょうかん》は、西行に憧れて吉野を訪れ、吉野が桜の名所として知られるようになります。

足利氏(室町幕府)の略系図(1)

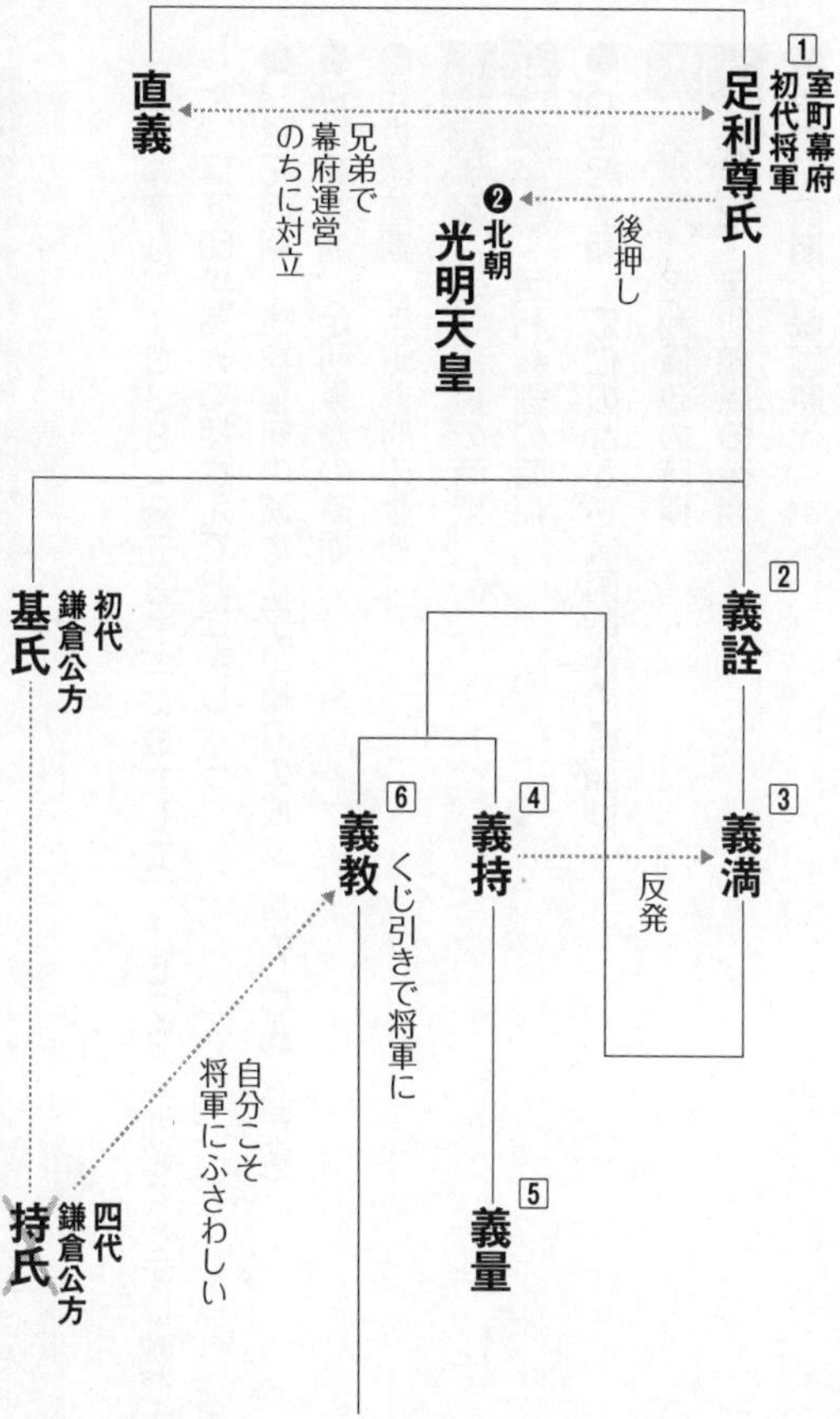

第15講

室町幕府の展開——14世紀後半〜16世紀

室町幕府は、1338（延元3）年に成立して、1573（元亀4）年に滅びました。ほぼ50年刻みで押さえておきましょう。

●14世紀前期　鎌倉幕府の滅亡と室町幕府の成立（足利尊氏の時期）
●14世紀後期　足利義満の時期
●15世紀前期　室町幕府の動揺
1 前半期　足利義持の時期
2 後半期　足利義教の時期
●15世紀後期　応仁の乱から戦国時代の幕開け
1 前半期　足利義政の時期
2 後半期　足利義尚の時期
●16世紀前期　戦国時代
●16世紀後期　信長・秀吉の時期

室町時代

14世紀前・後〜16世紀

16世紀後期の「信長・秀吉の時期」の途中で、室町幕府は滅ぶわけです。14世紀前期までは前回の講義で扱いましたから、この第15講では、14世紀後期から16世紀前期までを扱っていきます。

1 足利義満の時期（1368〜94年）

「花の御所」造営

1367（貞治《じょうじ》6）年、2代将軍足利義詮が亡くなると、翌1368（応安元）年、義詮の子の**足利義満《よしみつ》**が3代将軍に就任します。室町幕府は、初代将軍から5代将軍義量《よしかず》まで、父と子の関係で続いていくことになります。

義満は、1378（永和《えいわ》4）年、京都の室町に「花の御所」と呼ばれる豪華な邸宅を建て、そこで政治をおこないました。室町幕府という名称はここからきているのです。

義満の頃には、将軍家をもしのぐような強大な守護がいました。そこで、義満は、これらの守護の勢力の削減を図ります。1390（明徳《めいとく》元）年には、美濃・尾張・伊勢の守護を兼ねる土岐《とき》氏を討伐しました。これを土岐康行《やすゆき》の乱といいます。翌1391（明徳2）年には、西国11か国の守護として、日本の6分の1を支配していた山名《やまな》氏一族の内紛に介入して、山名氏の最高権力者であった山名氏清《うじきよ》を滅ぼします。これを明徳の乱といいます。

翌1392（明徳3）年、義満はついに**南北朝の合体**を実現させます。南朝の後亀山《ごかめやま》天皇に皇位を放棄させ、天皇を北朝の後小松《ごこまつ》天皇だけにしたのです。

1394（応永《おうえい》元）年、義満は将軍職を子の足利義持《よしもち》に譲り、自らは**太政大臣**となります。将軍としてはじめての太政大臣です。翌1395（応永2）年には出家しますが、出家した後も義満は実権を握り続けました。

義満は、1399（応永6）年、有力守護の大内義弘《おおうちよしひろ》を挑発して、これを攻め滅ぼします。これを応永の乱といいます。

この頃、中国では元が滅んで**明**《みん》が建国されていました。義満は、1401（応永8）年、明に使者を派遣して国交を開き、明との間の貿易をはじめます。この貿易は、日本が明に服属するという朝貢《ちょうこう》形式を取りました。また、日本から明に派遣された貿易船は、明が交付した勘合《かんごう》と呼ばれる札を持参することが義務づけられていたため、この貿易を**勘合貿易**ともいいます。また、同じ頃、高麗を滅ぼした**朝鮮**とも、義満は国交を結びました。

義満は、1408（応永15）年に亡くなるまで、実質的な最高権力者として政治の実権を牛耳り続けたのです。

2 日明貿易の中断

足利義持の時期（1394～1428年）

足利義満が亡くなると、朝貢形式での日明貿易を屈辱的であると考え、反対していた4代将軍**足利義持**は、1411（応永18）年に日明貿易を中断します。その後、日明貿易は、6代将軍足利義教《よしのり》のもとで再開されています。

義持の時代は、1416（応永23）年に、上杉禅秀《うえすぎぜんしゅう》が関東で反乱を起こして鎮圧される事件が起こりはしましたが、義満の築いた権力基盤がうまく機能していたため、比較的安定した時代でした。

1423（応永30）年、義持は、将軍職を子の足利義量に譲ります。しかし、義量は病弱であった上に大酒飲みだったため、3年後、わずか19歳で亡くなってしまいます。

義量が亡くなった後、義持は将軍を置かず、自らが元将軍という立場で政治を執り続けていました。しかし、その義持も1428（応永35）年に亡くなってしまいます。

3 将軍の暗殺と幕府の凋落

足利義教の時期（1429〜1441年）

室町幕府は、5代将軍の義量まで、父から子に将軍職を継承する形が取られていました。しかし、5代将軍義量には子供がおらず、引き続き権力を握っていた足利義持も亡くなるまで後継者を指名しませんでした。

そこで、石清水八幡宮《いわしみずはちまんぐう》で次期将軍を決めるくじ引きがおこなわれ、義持の弟にあたる**足利義教**が6代将軍に決まりました。義教は、当時出家していたので、将軍就任を何度も断りましたが、とうとう翌1429（永享《えいきょう》元）年、6代将軍に就任したのです。

義教が将軍に決まった直後に起こったのが、**正長《しょうちょう》の徳政一揆《いっき》**です。一揆を起こした人々は徳政を要求し、高利貸しをやっていた土倉や酒屋などを襲いましたが、この一揆は、幕府によって鎮圧されました。

4代将軍義持が中断した日明貿易は、義教のもとで1433（永享5）年に再開されます。しかし、貿易の実権は次第に将軍から有力守護大名に移っていきます。

関東を支配する室町幕府の機関を鎌倉府といいます。この鎌倉府の長官が鎌倉公方《くぼう》で、足利氏が世襲していました。また、鎌倉公方の補佐役にあたるのが関東管領《かんれい》で、これは上杉氏が世襲していました。

義教が将軍になると、当時鎌倉公方であった足利持氏《もちうじ》が、将軍に対して公然と反発するようになります。幕府に対する反発は、関東から起こったというわけです。さらに、鎌倉公方の足利持氏と、関東管領の上杉憲実《のりざね》も対立するようになり、関東は混迷の時期を迎えます。

将軍権力を強化して専制的な政治をおこなおうとした義教は、1439（永享11）年、幕府に反抗的であった鎌倉公方の足利持氏を滅ぼしました。これを永享の乱といいます。

義教は、その後も有力者を次々と弾圧していきます。そのため、人々から恐れられることとなります。そして1441（嘉吉《かきつ》元）年、とうとう有力守護の赤松満祐《あかまつみつすけ》によって、暗殺されてしまうのです。これを**嘉吉の変**といいます。

義教が暗殺されると、子の足利義勝《よしかつ》が7代将軍に指名されます。この7代将軍の代始めに起こったのが、**嘉吉の徳政一揆**です。数万人の一揆衆が京都を占拠したのです。これに対して幕府は、ついに彼らの要求を受け入れて**徳政令**を出してしまいます。徳政令とは債務契約の破棄を認める法令のことです。その後も一揆が起こるたびに幕府は徳政令を乱発したため、将軍の暗殺事件も相まって、幕府の権威は地に落ちていくのです。

4 足利義政の時期（1449〜73年）
応仁の乱と戦国時代の幕開け

1443（嘉吉3）年、7代将軍足利義勝が10歳で亡くなると、義勝の弟である**足利義政**《よしまさ》が8歳で将軍に指名されます。義政は、1449（文安《ぶんあん》6）年、元服すると8代将軍に就任します。

義政が将軍になったのと同じ年、足利成氏《しげうじ》が鎌倉公方となります。成氏は、永享の乱で滅ぼされた鎌倉公方足利持氏の子にあたる人物です。成氏も、父の持氏と同様、上杉氏と対立し、1454（享徳《きょうとく》3）年、享徳の乱が起こります。これによって、関東はいち早く戦国の世を迎えたのです。

京都では、まず畠山《はたけやま》氏と斯波《しば》氏の間に家督争いが起こります。畠山氏も斯波氏も**管領**という将軍の補佐をおこなう家柄であり、そういった家が公然と家督相続争いをおこなうほど、幕府の権威は失墜してしまっていたのです。

将軍家でも、義政の弟の義視《よしみ》と、義政の子の**足利義尚**《よしひさ》との間で家督争いが起こります。足利義尚の母は、悪妻として有名な**日野富子**《ひのとみこ》です。

これらの家督相続争いに、細川勝元《ほそかわかつもと》と山名持豊《もちとよ》（宗全《そうぜん》）が東軍と西軍に分かれて介入します。1467（応仁《おうにん》元）年、細川勝元率いる東軍が、将軍邸を占拠して足利義尚を担ぎました。これが、**戦国時代**の幕開けとなった**応仁の乱**のはじまりです。

翌1468（応仁2）年には、西軍が足利義視を将軍に立てたため、東西に2つの幕府が並び立つこととなります。守護大名たちは、細川方の東軍と山名方の西軍に分かれて戦い、戦場となった京都は戦火に包まれ荒廃していきました。

一方で足利義政は、戦禍をかえりみず、庭園の造営や遊興にふける生活を送っていました。1473（文明《ぶんめい》5）年、東軍の将であった細川勝元と、西軍の将であった山名持豊が相次いで亡くなると、足利義政は、将軍職を子の足利義尚に譲り、完全に隠居してしまいました。

豆知識　稀代の悪女？日野富子

日野富子は、20歳の時に死産を経験します。富子は、これを夫である義政の乳母で権力者であった今参局《いままいりのつぼね》の呪いのせいであるとして、彼女を流罪としますます。その時、富子は義政の4人の側室も追放してしまうのです。

富子は、将軍後継者争いで、義政と、義政の推す義視と対立したのですが、その際に、守護大名の山名宗全に息子の義尚の後見役を依頼します。しかし、このことが応仁の乱を長期化・全国規模化させただけでなく、守護大名の幕府における発言権を強め、足利氏の権威を貶《おとし》めてしまいました。また富子は、関所を設置し、入った関銭《せきせん》を自分の懐に入れ、財産を蓄えるなどしました。

5 足利義尚の時期（1473〜89年）
下剋上のはじまり

応仁の乱は、1477（文明9）年、東西両軍の間に和議が結ばれ、終結します。守護大名が京都で応仁の乱での戦いに明け暮れていた頃、守護大名の領国では、守護代と呼ばれる守護の代理の者や、国人と呼ばれる地元に土着している武士たちが勢力をのばしていきました。

国人の中には、守護大名を完全に追い出して自治支配をおこなう者も現れました。1485（文明17）年には、山城《やましろ》国の国人たちが、畠山氏を国外へ退去させて、8年間の自治的支配をおこないました。これを**山城の国一揆**といいます。

1488（長享《ちょうきょう》2）年には、浄土真宗本願寺《ほんがんじ》派の人々が国人と手を組んで、守護の富《と》

足利氏(室町幕府)の略系図(2)

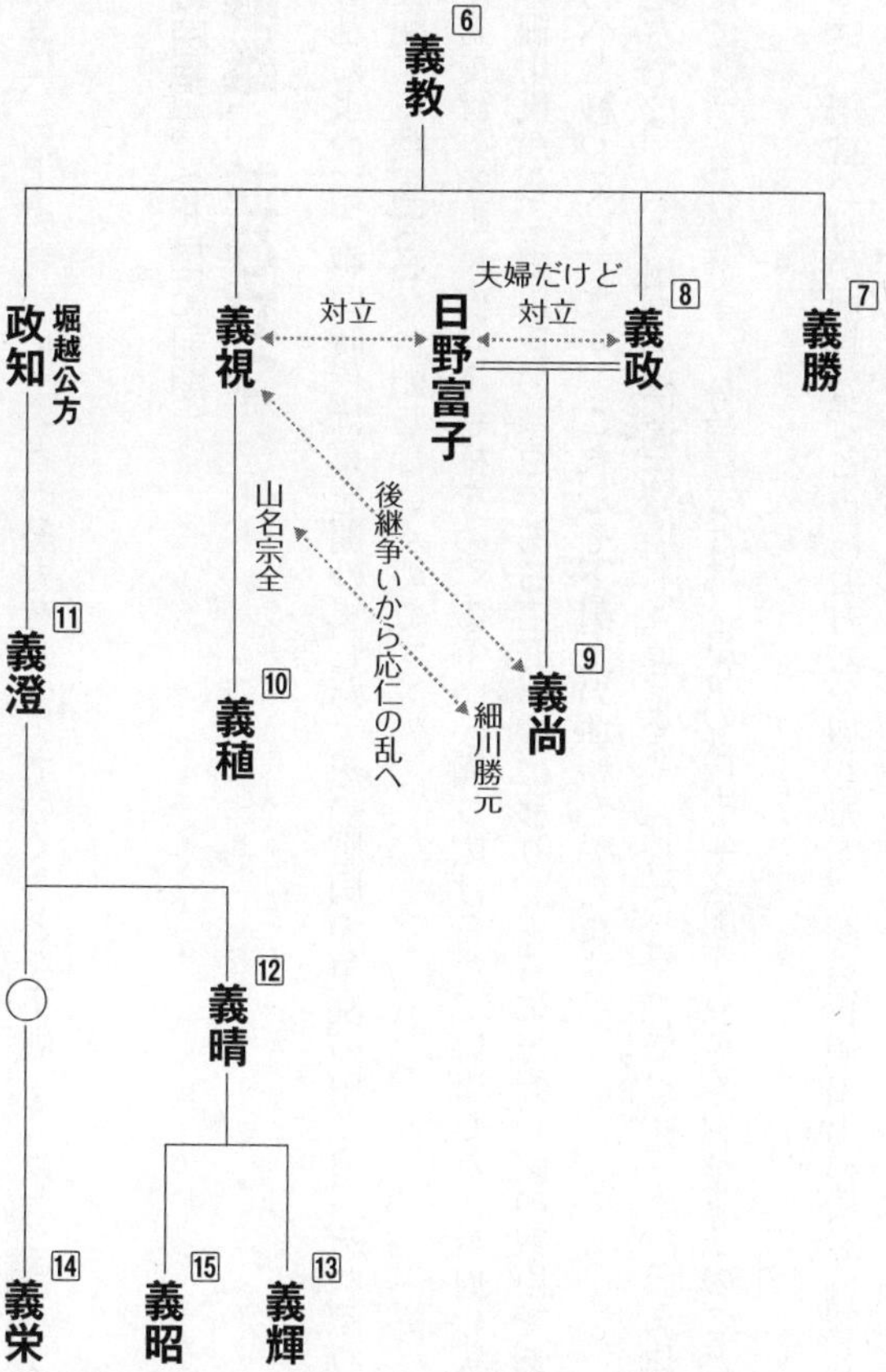

樫政親《がしまさちか》を倒し、1世紀にわたって加賀国を支配する**加賀の一向一揆**が起こりました。
このように、格下の者が格上の者の勢力をしのいでいくことを**下剋上**《げこくじょう》といいます。

6 戦国時代（16世紀前期）群雄、並び立つ

応仁の乱によって、戦国時代は幕を開けました。その戦国の争乱の中から、それぞれの地域を支配する**戦国大名**が台頭していくのです。

近畿地方では、室町幕府の主導権をめぐる争いが繰り広げられていました。幕府の実権は管領の細川氏から、細川氏の家臣である三好長慶《みよしながよし》に移り、さらに三好長慶の家臣である**松永久秀**《まつながひさひで》へと移っていきます。これこそ**下剋上**の典型といえます。

東北地方では、国人出身の**伊達氏**《だて》が力を持ちます。伊達氏は『塵芥集《じんかいしゅう》』という分国法を定めたことでも有名です。分国法とは、自らの領国を支配するための基本法のことです。

関東では、鎌倉公方が堀越《ほりごえ》公方と古河《こが》公方に分裂します。関東管領の上杉氏も分裂し、争っていました。**北条早雲**《そううん》（**伊勢宗瑞**《いせそうずい》）は、堀越公方を滅ぼして伊豆（静岡県）を奪い、

小田原（神奈川県）を拠点とします。そして、孫の北条氏康《うじやす》の時代には、関東の大半を支配する大大名となっていくのです。

越後（新潟県）では、**長尾景虎《ながおかげとら》**が関東管領上杉氏の家督を継いで**上杉謙信《けんしん》**を名乗ります。上杉氏は**春日山《かすがやま》**を拠点とします。謙信は、甲斐《かい》（山梨県）・信濃（長野県）を支配する**武田信玄《たけだしんげん》**と、数度にわたって信濃で戦いました。これを**川中島《かわなかじま》の戦い**といいます。また、駿河《するが》（静岡県）では、**今川《いまがわ》氏**が勢力を持っていました。

三河（愛知県）では、後の徳川《とくがわ》氏となる**松平《まつだいら》氏**が、尾張（愛知県）では**織田《おだ》氏**が、そして美濃（岐阜県）では**斎藤《さいとう》氏**が戦国大名となっていきました。越前（福井県）では一《いち》乗谷《じょうだに》を城下町にした**朝倉《あさくら》氏**が、近江（滋賀県）では北部を**浅井《あさい》氏**、南部を**六角《ろっかく》氏**が支配するようになります。このあたりの戦国大名は、第17講で登場するので、そこで頭に入れるとよいでしょう。

中国地方では、**山口**を城下町とした**大内《おおうち》氏**という有力守護大名が、家臣の**陶晴賢《すえはるかた》**に国を奪われます。しかしこの陶晴賢も、安芸《あき》（広島県）の国人出身の**毛利元就《もうりもとなり》**に国を奪われてしまいました。

四国では、土佐（高知県）の**長宗我部《ちょうそかべ》氏**が、九州では、薩摩《さつま》（鹿児島県）の**島津《しまづ》氏**、肥前《ひぜん》（熊本県）の**龍造寺《りゅうぞうじ》氏**、豊後《ぶんご》（大分県）の**大友《おおとも》氏**などが群雄割拠します。

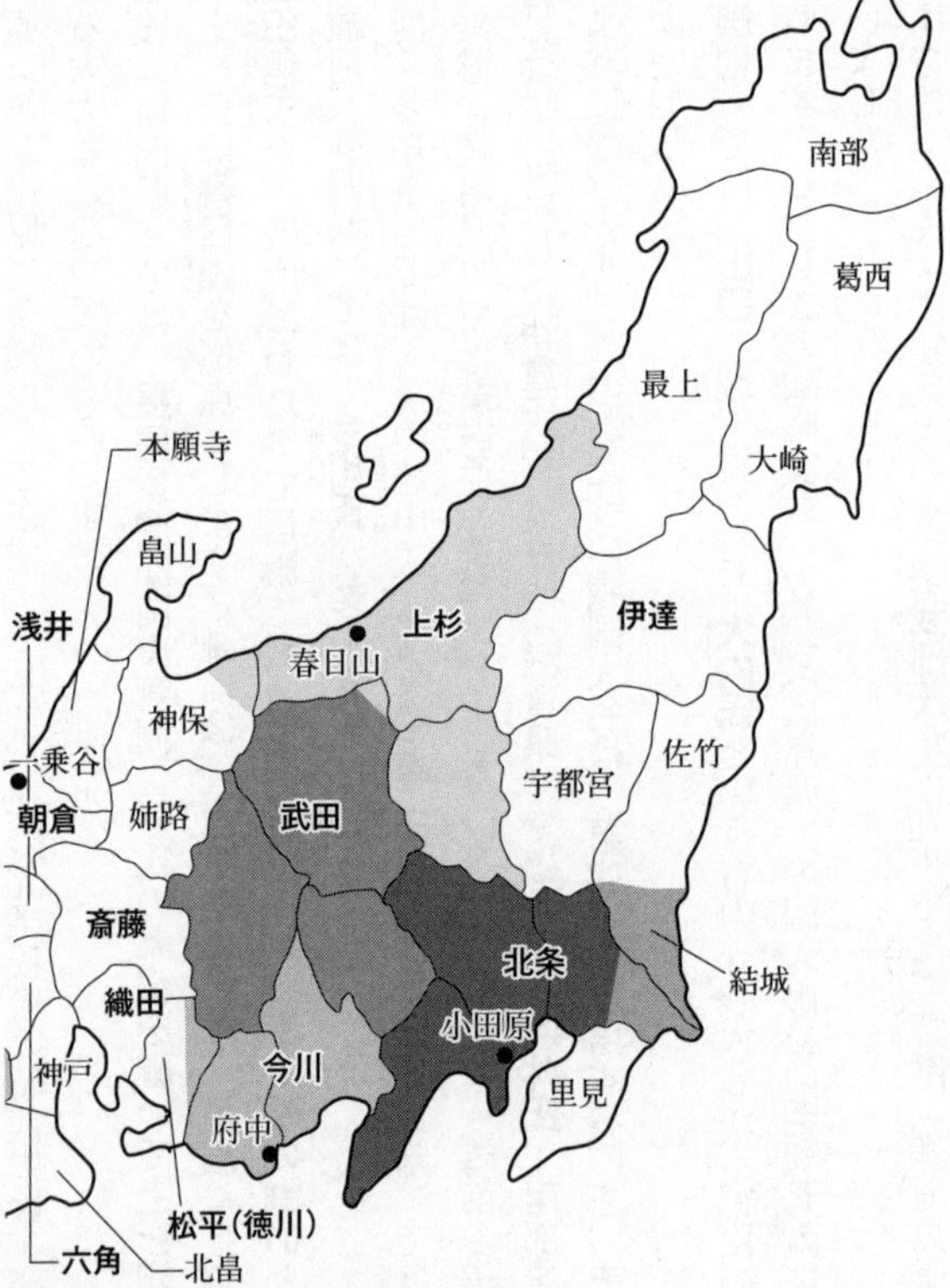
南部
葛西
最上
大崎
本願寺
畠山
浅井
上杉
春日山
伊達
神保
一乗谷
朝倉
姉路
武田
宇都宮
佐竹
斎藤
北条
結城
織田
小田原
今川
神戸
里見
府中
松平(徳川)
六角
北畠

戦国時代の日本の様子
(1560年頃)

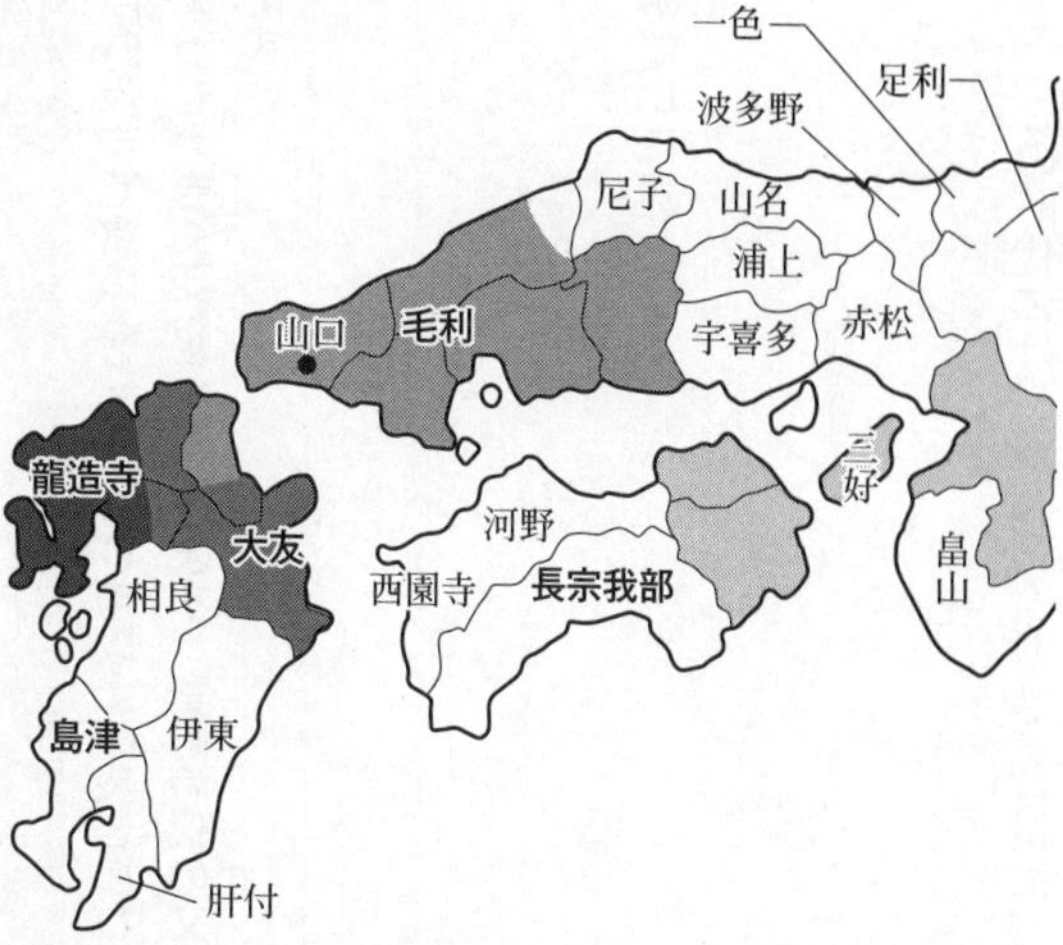

第16講 室町時代の文化

室町時代は、南北朝時代から戦国時代まで含めると、250年以上の長きにわたります。ですから文化も、時期によって大きく変わっていきます。室町時代の文化は4つの時期に分けることができます。

1	南北朝文化
2	北山文化
3	東山文化
4	戦国時代の文化

それでは、1つずつその特徴をみていきましょう。

1 南北朝文化
連歌や闘茶の誕生

南北朝時代の文化を**南北朝文化**といいます。この時代には、南北朝の対立を背景に、それぞれの立場に立った歴史書が著されます。南朝の立場から南朝の正当性を説いた北畠《きたばたけ》親房《ちかふさ》の『**神皇正統記**《じんのうしょうとうき》』や、武家の立場から記された『梅松論《ばいしょうろん》』などが代表作です。

また、軍記物語では、南北朝の動乱を描いた『**太平記**《たいへいき》』が作られ、太平記読みと呼ばれる人たちによって語り継がれました。

連歌《れんが》が流行したのもこの頃です。連歌は、和歌の上の句と下の句を、一座の人びとが次々とつないでいくものです。二条良基《にじょうよしもと》は『菟玖波集《つくばしゅう》』という連歌集を編纂し、連歌の規則書である『応安新式《おうあんしんしき》』を著しました。この時期、連歌は大ブームとなっていくのです。また茶寄合や、茶の味を飲みわけ、その勝敗を競う闘茶《とうちゃ》が流行したのもこの頃です。

この時代の文化の担い手は、動乱の中で力を持つようになった新興武士たちでした。彼らは新しもの好きで、派手好きであったことから「**婆娑羅**《ばさら》」と呼ばれました。

2 北山文化
禅と能の世界

室町時代前期の文化を**北山文化**《きたやま》といいます。3代将軍**足利義満**の時代を中心とした文化のことです。義満が造った北山殿という山荘からこの名がつけられました。北山殿には**金**《きん》

閣《かく》が建てられました。金閣は、伝統的な寝殿造と禅宗寺院の建築様式を融合させたもので、北山文化を代表する建築物です。

鎌倉時代に興った**臨済宗**《りんざいしゅう》が栄えるのもこの頃です。臨済宗は幕府の保護を受けて大いに栄えました。義満の頃には、**五山・十刹**《じっさつ》**の制**を定めて、幕府が臨済宗寺院を保護するようになりました。

京都五山は、**天龍寺**《てんりゅうじ》を筆頭に、**相国寺**《しょうこくじ》・建仁寺《けんにんじ》・東福寺《とうふくじ》・万寿寺《まんじゅじ》、**鎌倉五山**は**建長**《けんちょう》**寺**《じ》を筆頭に、**円覚寺**《えんがくじ》・寿福寺《じゅふくじ》・浄智寺《じょうちじ》・浄妙寺《じょうみょうじ》からなります。**南禅寺**《なんぜんじ》は五山の上に置かれ、別格とされました。いずれも臨済宗の寺院です。

五山の寺院には、中国から来た僧侶や中国帰りの僧侶が多く、彼らは水墨画や庭園の作成などにも才能を発揮しました。水墨画では、『瓢鮎図《ひょうねんず》』を描いた如拙《じょせつ》や、明兆《みんちょう》・周文《しゅうぶん》などが登場します。

五山の禅僧は、漢詩文にも造詣《ぞうけい》が深く、彼らの文学を五山文学といいます。また、五山版として経典や漢詩文集などの出版もおこなっていました。

一方で、幕府の保護を受けない禅宗のことを林下《りんか》といいます。曹洞宗系はすべて林下となります。また、臨済宗でも**一休宗純**《いっきゅうそうじゅん》で有名な**大徳寺**《だいとくじ》などは林下でした。

能は、北山文化を代表する芸能でした。能は、猿楽《さるがく》や田楽《でんがく》から発展したもので、観世《かんぜ》座・宝生《ほうしょう》座・金春《こんぱる》座・金剛《こんごう》座からなる大和猿楽四座は、興福寺の保護を受けて発展しました。

中でも観世座の**観阿弥**《かんあみ》・**世阿弥**《ぜあみ》父子は、将軍義満の保護を受けて、能を芸術の域にまで高めました。**『風姿花伝』**《ふうしかでん》は、世阿弥が著した能の理論書で、能の真髄が述べられています。

能の合間には、風刺性の強い喜劇である**狂言**《きょうげん》が演じられました。

豆知識

一休さんはどんな人？

一休宗純《そうじゅん》は、大徳寺《だいとくじ》の高僧でした。しかし、大徳寺は幕府の保護を受けない林下という寺院で、一休自身も何者にも囚《とら》われない人物でした。髪やひげを伸ばし放題にし、袈裟《けさ》もぼろぼろ、当時の戒律で禁じられていた肉食、飲酒はもちろん、女性だけでなく男性に対する性行為もおこなったといわれています。

3 東山文化

茶の湯、生け花……わびさびの芸術

室町時代後期の文化を**東山文化**《ひがしやま》といいます。8代将軍**足利義政**の時代を中心とした文化のことです。義政が造った東山山荘からこの名がつけられました。東山山荘には、義満の金閣にならって**銀閣**《ぎんかく》が建てられました。

銀閣の下層には**書院造**《しょいんづくり》という建築様式が用いられました。書院造は、この時代に生まれた建築様式で、近代の和風住宅の原型となりました。

また、禅の精神にもとづいた庭園も造られるようになります。**枯山水**《かれさんすい》という岩石と砂利を組み合わせて自然を表現する庭園が、龍安寺《りょうあんじ》や大徳寺大仙院《だいせんいん》などに営まれました。

北山文化の時代に栄えた水墨画は、この時代に**雪舟**《せっしゅう》によって大成されました。

大和絵では土佐光信《とさみつのぶ》が出て、土佐派を形成します。狩野正信《かのうまさのぶ》・元信《もとのぶ》父子は、水墨画に大和絵の手法を融合させた**狩野派**を興します。

茶道や花道が栄えるのもこの頃です。茶道では、村田珠光《むらたじゅこう》が**侘茶**《わびちゃ》をはじめます。侘茶とは、禅の精神に通じるもので、心の調和と静けさを求めた茶道です。この侘茶の方式は、桃山《ももやま》時代になると堺《さかい》の**千利休**《せんのりきゅう》によって大成されます。

花道では、床の間に花を飾る**立花**《りっか》という様式が登場します。京都の六角堂《ろっかくどう》にいた**池坊**《いけのぼう》**専慶**《せんけい》は立花の名手として知られ、桃山時代になると池坊専好《せんこう》によって大成されます。

南北朝時代にブームとなった連歌は、**宗祇**《そうぎ》が正風《しょうふう》連歌を確立し、『新撰菟玖波集《しんせん》』を編纂しました。宗鑑《そうかん》は、自由な気風を特徴とする俳諧《はいかい》連歌を確立しました。

4 戦国時代の文化
先進的な教育のひろがり

応仁の乱により京都が荒廃すると、京都の公家《くげ》たちが、地方へ下っていきました。地方の大名たちは、京都への強い憧れから、彼らを積極的に迎え入れます。

その代表となる大名が日明貿易の利益で栄えていた**大内氏**です。大内氏の城下町である**山口**には、多くの公家や文化人が集まりました。

関東では、関東管領の**上杉憲実**《のりざね》が**足利学校**《あしかががっこう》を再興しました。足利学校には、全国から講師や学生が集まり、非常に高度な講義がおこなわれていたため、日本にキリスト教を伝えたフランシスコ゠ザビエルは、足利学校を「坂東《ばんどう》の大学」と絶賛しました。

武士の子供たちを寺院に預けて教育させる習慣は、すでにこの頃からはじまっていました。『庭訓往来《ていきんおうらい》』や『御成敗式目』などが教科書として用いられ、『節用集《せつようしゅう》』という辞書を奈良の商人が刊行するなど、世界的にみても、庶民教育が発展していたといえます。絵と話し言葉で書かれた『御伽草子《おとぎそうし》』が庶民の間で好まれたことからも、当時の日本人の識字率の高さをうかがうことができます。また、連歌師と呼ばれる人たちによって、連歌が地方に普及し、大名・武士・庶民の間に広く流行したことも、当時の民衆の文化水準の高さをうかがい知れる一端でしょう。

盆踊りが盛んになったのもこの頃です。さらに、織田信長《のぶなが》が愛した幸若舞《こうわかまい》や、古浄瑠璃《こじょうるり》・小歌《こうた》といった芸能も流行します。

豆知識

フランシスコ＝ザビエル

フランシスコ＝ザビエルは、イエズス会創立期の司祭でした。1506年、貴族の家に生まれたザビエルはパリ大学に留学。27歳の時に、イエズス会の創設者であるイグナティウス・デ・ロヨラの感化を受けます。1541年、ポルトガル国王の命で東インドに赴きます。マラッカの教会でザビエルは、最初の日本人として鹿児島出身のヤジロウらに会い、1549年（天文18）8月15日に鹿児島に来航。薩摩《さつま》、平戸《ひらど》、周防《すおう》、堺《さかい》、京都を訪れ2年間の布教活動をおこないます。日本を離れたザビエルは1552年、中国布教の途中に病死しました。

第17講

信長の天下布武と秀吉の天下統一——16世紀後半

安土・桃山時代は、16世紀後半だけの短い時代ですが、数々の戦国大名が登場するドラマティックな時代です。この時代は「信長の時代」と「秀吉の時代」の2つの時期に分けることができます。さらに、前者は3つの時期に、後者は4つの時期に区分できます。

●信長の時代（1560〜82年）

1 入京までの時期 1560〜68年
2 京での対立の時期 1568〜73年
3 天下布武への時期 1574〜82年

●秀吉の時代（1582〜98年）

1 信長の後継者となる時期 1582〜84年
2 実質的な天下統一の時期 1585〜87年
3 秀吉の天下統一の時期 1587〜90年

4 朝鮮出兵の時期 1591～98年

それでは、各時期をみていきましょう。

1 入京までの時期

信長の時代（1）（1560～68年）

織田信長は、尾張（愛知県）の戦国武将、織田信秀《のぶひで》の三男として、１５３４（天文《てんぶん》３）年に生まれます。１５５１（天文20）年、父の信秀が亡くなると、信長が家督を継ぎます。

信長は、１５６０（永禄《えいろく》３）年、駿河（静岡県）の大戦国大名であった**今川義元《よしもと》**を**桶狭《おけはざ》間《ま》の戦い**で破り、三河（愛知県）の松平元康《もとやす》（後の徳川家康《いえやす》）と清洲《きよす》同盟《どうめい》を結びます。

桶狭間の戦いと清洲同盟によって、背後から攻められる可能性がなくなった信長は、天下を統一すべく京を目指します。１５６７（永禄10）年には、美濃（岐阜県）の**斎藤氏**を滅ぼし、拠点を**岐阜《ぎふ》城**に移します。

信長が、「**天下布武《てんかふぶ》**」の印判を用いるようになったのもこの頃です。これは、天下を武力で統一するという意味です。

この頃、京都の実権を握っていた**松永久秀**が、自分の言うことをきかない13代将軍足利義輝《よしてる》を暗殺して、自分の言いなりになる足利義栄《よしひで》を14代将軍に立てました。義輝の弟である**足利義昭**《よしあき》は、松永久秀によって京を追われていました。

信長は、「義輝の弟の足利義昭こそが次期将軍になるべき人物である」という大義名分により、1568（永禄11）年、足利義昭を立てて入京し、義昭を15代将軍職に就け、松永久秀と足利義栄を京から追い出します。

信長は、京に入ることで、全国統一の第一歩を踏み出したのです。

2 信長の時代（2）（1568〜73年）
京での対立の時期

1568（永禄11）年に入京した信長は、翌1569（永禄12）年、当時最大の貿易都市であった堺を征服します。

しかし、15代将軍となった足利義昭は、将軍の権威を高めようと考え、次第に信長と対立するようになります。北近江（滋賀県）の**浅井長政**《あさいながまさ》、越前（福井県）の**朝倉義景**《よしかげ》、そして比叡《ひえい》山の延暦寺《えんりゃくじ》勢力も信長に対抗する姿勢を示すのです。

そこで、信長は、1570（元亀《げんき》元）年、**姉川《あねがわ》の戦い**で浅井長政と朝倉義景を破り、翌1571（元亀2）年には**延暦寺の焼き打ち**をおこないます。

浅井長政と朝倉義景を滅ぼした信長は、1573（天正《てんしょう》元）年、足利義昭を京都から追放し、室町幕府を滅亡させました。

これによって、信長の京都での地位は不動のものとなります。

3 信長の時代（3）（1574～82年）天下布武への時期

京都での地位を確立した信長は、いよいよ全国統一へと乗り出します。

そして、天下統一達成のためには、最強の戦国大名と、最大の宗教勢力を服属させることが必須であると考えるのです。最強の戦国大名とは、最強の騎馬隊を有する**武田氏**、最強の宗教勢力とは、石山本願寺《いしやまほんがんじ》を頂点とした一向宗《いっこうしゅう》でした。

信長は、1574（天正2）年、伊勢長島の一向一揆を滅ぼし、翌1575（天正3）年には越前の一向一揆を平定し、一向宗の2大拠点を制圧します。

1575（天正3）年、**長篠合戦《ながしののかっせん》**では、信長は鉄砲隊を用いた集団戦法により、騎馬隊を中心とした**武田勝頼**《かつより》の軍に勝利します。そして翌1576（天正4）年、信長は近江に壮大な居城を築きはじめます。**安土城**《あづち》です。安土城を築城することで、信長は全国の大名の頂点に立ったことを誇示するのです。

そして、1580（天正8）年には、一向宗の頂点である**石山本願寺**を屈伏させました。

1582（天正10）年には、天目山《てんもくざん》の戦いでついに武田勝頼を滅ぼします。これで天下統一に向けた最大の山場を乗り切ったかに見えた信長ですが、その直後、毛利氏を征討する途中、滞在していた京都の本能寺《ほんのうじ》で、配下の**明智光秀**《あけちみつひで》に背かれ、その人生を終えます。これを**本能寺の変**といいます。

豆知識

明智光秀とは？

明智光秀は、美濃国《みのこく》（岐阜県）に生まれました。守護土岐《とき》氏の支族と伝えられていますがはっきりとしません。最初、越前の朝倉義景《よしかげ》に仕えていましたが、後に織田信長に従います。光秀は、足利義昭《よしあき》と信長の間を取り持ち、公家たちとの交渉に大きな手腕を発揮しました。その後、丹波、丹後地方を平定した光秀は、1582年5月、毛利討伐のため中国出兵を命じられた際には、近畿地方を統率する地位にまで上っていきました。しかし、その年の6月2日、本能寺に泊まっている信長の警護の手薄なのに乗じて突然これを襲い自刃させ、信長の長男信忠《のぶただ》を二条城で倒してしまいます。

明智氏の家紋である桔梗《ききょう》は、あの坂本龍馬の家紋と同じで、これは坂本家が明智氏の子孫で坂本城に由来する人物であると自称していたところからきています。

4 秀吉の時代（1）（1582〜84年）
秀吉、信長の後継者へ

信長のあとを継いで、天下統一を成し遂げたのが**豊臣秀吉**《とよとみひでよし》です。秀吉は、尾張（愛知県）の貧しい土着の侍の家に生まれました。しかし秀吉は、信長のもとでめきめきと頭角を現し、ついには信長の有力家臣にまで出世したのです。

1582（天正10）年、本能寺の変が起こった時、秀吉は毛利氏と戦っていました。秀吉は、信長の死を聞くとすぐさま毛利氏と和睦《わぼく》し、大急ぎで京に戻ります。そして、**山崎**《やまざき》

の合戦で明智光秀を倒すのです。

しかし、これで秀吉が信長の後継者になったとはいえません。秀吉は、翌1583（天正11）年、信長の重臣で、信長の後継者として有力視されていた**柴田勝家**《しばたかついえ》を**賤ケ岳**《しずがたけ》**の戦い**で破ります。これで信長の後継者の地位を確立した秀吉は、信長が屈服させた石山本願寺の跡地に**大坂城**《おおさか》の築城をはじめるのです。

信長の後継者が秀吉であることを最後まで認めなかったのが、徳川家康です。家康は、信長の後継者を、信長の次男である織田信雄《のぶかつ（お）》であると主張します。そこで秀吉は、1584（天正12）年、**小牧**《こまき》**・長久手**《ながくて》**の戦い**で、家康と織田信雄の連合軍と戦いますが、間もなく和睦します。

これによって、信長の後継者としての地位は完全に確立されることとなります。

5 秀吉の時代（2）（1585〜87年）
秀吉が関白に――実質的な天下統一

秀吉は、1585（天正13）年、**長宗我部元親**《もとちか》をくだして四国を平定します。

同年、朝廷は秀吉を**関白**に任命し、翌1586（天正14）年には**太政大臣**に任じ、**豊臣**

の姓を与えます。

関白になった秀吉は、「天皇から日本全国の支配権を与えられた」と主張するようになり、実質的に全国を統一することになるのです。

秀吉は、全国の戦国大名に対して停戦を命じ、領地については秀吉の判断に任せることを命じました。この命令を惣無事令《そうぶじれい》といいます。

1587（天正15）年には、九州の**島津義久**《よしひさ》を、惣無事令に違反したとして征伐し、降伏させます。

6 秀吉の時代（3）（1587〜90年）
秀吉の天下統一

惣無事令を出した豊臣秀吉は、全国の支配者としての道を歩みはじめます。

1588（天正16）年には、**刀狩令**《かたながりれい》を出して、農民の武器を没収します。これは、農民の一揆を防ぎ、農業に専念させることが目的でした。また、**天正大判**などの貨幣も鋳《ちゅう》造《ぞう》します。

秀吉は、当初、キリスト教の布教を認めていました。しかし、九州平定の際に、キリシタン大名の大村純忠《おおむらすみただ》が長崎をイエズス会の教会に寄付したことを知ったことから、**バテレン（宣教師）追放令**を出し、宣教師の国外追放を命じます。1588（天正16）年には、海賊取締令を出して、倭寇《わこう》などの海賊行為を禁止しました。

1590（天正18）年、秀吉は、**小田原攻め**をおこない北条氏政《うじまさ》を滅ぼし、仙台の**伊達政宗**《まさむね》ら東北地方の諸大名をも服属させて、全国統一を完成させました。

7 朝鮮出兵で揺らぐ豊臣政権

秀吉の時代（4）（1591～98年）

日本を東アジアの中心にしようと考えた秀吉は、朝鮮に対し、日本に服属するよう求めました。朝鮮がこれを拒否すると、秀吉は1592（文禄《ぶんろく》元）年、15万余りの大軍を朝鮮に送り込みました。これを**文禄の役**といいます。日本軍は釜山《プサン》に上陸し、間もなく漢城《ハンソン（ソウル）》・平壌《ピョンヤン》を占領しました。

しかし、李舜臣《りしゅんしん》の率いる朝鮮水軍の活躍などにより、戦局は日本に不利となってきたため、秀吉は、一旦停戦し、明と和平交渉をおこないます。しかし、秀吉の態度があまりにも強硬だったため、交渉は決裂してしまいます。

1597（慶長《けいちょう》2）年、秀吉は、14万余りの大軍を再び朝鮮に送り込みます。これを**慶長の役**といいます。この役において日本軍は苦戦し、翌1598（慶長3）年に秀吉が亡くなると朝鮮から撤兵しました。

朝鮮出兵により、膨大な戦費と兵力を無駄にした豊臣政権は、急速に衰退の道を進んでいったのです。

8 桃山文化
派手なのも地味なのも好き

信長・秀吉の時期の文化を**桃山文化**といいます。秀吉が晩年に築いた**伏見《ふしみ》城**の城跡に桃が植えられ、桃山と呼ばれるようになったことが、この名称の由来です。

桃山文化を象徴するものが城郭《じょうかく》建築です。安土城、大坂城、伏見城といった、立派な**天守閣**を持つ壮麗《そうれい》な城郭が築かれるようになりました。城の内部の襖《ふすま》や壁などには、障《しょう》壁画《へきが》が描かれ、欄間《らんま》には透《すか》し彫《ぼり》の彫刻がほどこされるようになりました。障壁画は、金箔《きんぱく》の地に青や緑の彩色を施す濃絵《だみえ》と呼ばれるものでした。

障壁画の中心となったのは**狩野《かのう》派**でした。**狩野永徳《えいとく》**が、門人の狩野山楽《さんらく》とともに多くの障壁画を描きました。

堺の**千利休**は、簡素・閑寂《かんじやく》を精神とした侘茶を大成させます。茶の湯は、豊臣秀吉や大名たちの保護を受けて、大いに流行しました。

17世紀初めには、**出雲阿国**《いずものおくに》という人物が、京都でかぶき踊りをはじめました。これが歌《か》舞伎《ぶき》のルーツとなります。歌舞伎はもともと女性が踊るもので、女歌舞伎と呼ばれていましたが、これは江戸《えど》幕府によって禁止されてしまいます。その後は少年が踊る若衆《わかしゅ》歌舞伎がおこなわれましたが、これも幕府によって禁止され、現在のように男性が演じる野郎《やろう》歌舞伎へと発展しました。

琉球《りゆうきゆう》から蛇皮線《じやみせん》が渡来するのもこの頃です。蛇皮線は日本で改良され、三味線《しやみせん》となります。三味線を伴奏に、操り人形を動かす人形浄瑠璃もこの頃に流行しはじめました。

豆知識　千家の茶道

千家とは、千利休《りきゆう》を流祖とする茶道流派の家のことです。千という名は、利休の祖父である田中千阿弥《せんあみ》の名から取られたといわれています。利休の死後、本家である堺千家を子の千道安《どうあん》が継ぎますが、道安が亡くなると堺千家は断絶します。

現在の千家は、三千家といい、表千家・裏千家・武者小路《むしやのこうじ》千家からなります。利休の後妻の連れ子で、娘婿《むすめむこ》でもある千少庵《しょうあん》の系統です。

表千家7代の如心斎《じょしんさい》が、「千家を名乗るのは三千家のみ」と定めたことから、この三千家のみを千家と呼ぶようになりました。

第18講

江戸時代初期の日本――17世紀

江戸時代は、1603（慶長8）年に、江戸に幕府が開かれてから、1867（慶応3）年に江戸幕府が滅亡するまでのおよそ260年余りの期間を指します。17世紀、18世紀、19世紀の3世紀という長い期間です。

今回は、そのうちの最初の世紀である17世紀を扱っていきます。17世紀は大きく分けると2つの時期、さらに細かく4つの時期に分けることができます。

●17世紀前半　武断政治の時代

1 家康・秀忠の時期　1600～23年

2 家光の時期　1623～51年

●17世紀後半　文治政治の時代

3 家綱の時期　1651～80年

4 綱吉の時期　1680～1709年

年号を見てわかるように、ほぼ4半世紀ごとに時代が変わっていくのです。

17世紀前半の「武断政治」とは、武力の行使や威嚇《いかく》によっておこなわれる専制的な政治のことで、初代家康から3代将軍家光までの時代におこなわれた政治です。

一方、17世紀後半になると、17世紀前半のような無謀な弾圧がなくなります。この時代の政治を「文治政治」といいます。

親子関係でいくと、初代の家康から5代の綱吉まで、すべて父子の関係ということになりますが、5代の綱吉だけが、4代将軍家綱の実子ではなく養子で、実際は、家綱の弟ということになります。

それでは、最初の4半世紀からみていくことにしましょう。

1 家康・秀忠の時期（1600〜23年）
たぬきの本気

徳川家康は、三河（愛知県）岡崎《おかざき》城主松平広忠《ひろただ》の長男として生まれました。家康は、織田信長と組んで武田氏を滅ぼします。小田原攻めで北条氏が滅ぶと、豊臣秀吉の命で関東に移され、約250万石の大大名となります。

秀吉が亡くなると、家康は、豊臣政権を存続させようとしていた**石田《いしだ》三成《みつなり》**と対立します。1600（慶長《けいちょう》5）年、三成は、家康を倒すべく兵を挙げます。家康を中心とした東軍と、三成を中心とした西軍は、**関ヶ原《せきがはら》の戦い**で激突し、戦いは家康の勝利に終わりました。

勝利した家康は、1603（慶長8）年、**征夷大将軍**となり、**江戸幕府**を開きます。家康は、将軍職が徳川氏の世襲であることを示すため、わずか2年後の1605（慶長10）年、将軍職を子の**徳川秀忠《ひでただ》**に譲りました。しかし、将軍職を譲ったその後も、家康は大御所《おおごしょ》として実権を握り続けます。

そして、1614（慶長19）年の**大坂冬の陣**と、翌1615（元和元《げんな》）年の**大坂夏の陣**で、豊臣氏を滅亡に追い込むのです。

家康は、豊臣氏の滅亡を見届けると、まるで自らの役目を果たしたかのように、翌1616（元和2）年、その人生の幕を閉じます。

2代将軍の秀忠は、1619（元和5）年には、関ヶ原の戦いにおける最大の功労者であった福島正則《ふくしままさのり》を幕府の法に背いたとして処分するなど、徹底した武断《ぶだん》政治をおこないました。

豆知識

豊臣氏滅亡の口実とは??

豊臣氏は、関ヶ原の戦い後も、摂津《せっつ》・和泉《いずみ》・河内《かわち》という、現在の大阪府の大部分を支配する大大名で、石高《こくだか》も60万石ありました。豊臣氏の家督を継いでいたのが、秀吉の実子である豊臣秀頼《ひでより》であり、秀吉の側室で、秀頼の母である淀《よど》殿《どの》が力を握っていました。

家康は、豊臣氏が建立した京都の方広寺《ほうこうじ》の鐘銘《しょうめい》の文字に目をつけます。その文字とは、「国家安康、君臣豊楽」。最初の4文字には「家」と「康」の文字が分断されています。これを「家康をぶった切る」という意味であるとこじつけ、後半の4文字については、「豊臣を君(主)として楽しむ」という、漢文の原則をまったく無視した読み方をして、「豊臣氏の謀反《むほん》の証拠」と言いがかりをつけたのです。

2 内政重視という名の内向き政策

家光の時期（1623～51年）

1623（元和9）年、3代将軍となった**徳川家光**《いえみつ》がおこなった主要政策は、**参勤交代**《さんきんこうたい》と**鎖国**の2つです。

参勤交代とは、自分の地元と江戸とを1年交代で住むよう大名に対して命じたものです。大名の妻子は、江戸に住むことを強要されたため、大名は、江戸に屋敷をかまえなければなりませんでした。また多くの家臣を連れて地元と江戸を往復しなければならず、その出費は大名の力を弱めることとなります。

鎖国とは、外国船の来航を極端に制限する政策です。鎖国をおこなう理由は2つです。1つ目の理由は、スペインやポルトガルといった国々が、キリスト教の布教を通じて、植民地侵略を拡大させていたことです。2つ目の理由は、貿易の利益を幕府が独占することで、貿易にたずさわる大名が力を持つことを防ぐためでした。

1624（寛永《かんえい》元）年にはスペイン船の来航を禁じ、1635（寛永12）年には、日本人の海外渡航と帰国を禁止します。

そんな中、1637（寛永14）年に起こったのが、**島原**《しまばら》**の乱**でした。これは、キリスト教徒を弾圧したことに抵抗した農民反乱であり、**天草四郎時貞**《あまくさしろうときさだ》を首領《しゅりょう》として3万余りの一揆衆が原《はら》城跡に立て籠《こ》もった事件です。

この乱を受けて幕府は、1639（寛永16）年にポルトガル船の来航を禁止し、1641（寛永18）年には長崎の**出島**《でじま》にオランダ商館を移しました。ついに鎖国は完成するのです。

3 江戸時代初期の文化
支配のための学問のススメ

江戸時代になると、儒《じゅ》学、その中でも**朱子学**《しゅしがく》が盛んになります。朱子学は上下の秩序を重んじる学問なので、幕府支配に都合のよいものとして受け入れられたのです。朱子学者の**林羅山**《はやしらざん》は家康に用いられ、彼の子孫は幕府に儒者として仕えました。

この時代を代表する建築物に**日光東照宮**《にっこうとうしょうぐう》があります。これは家康を祀った霊廟《れいびょう》建築です。また、京都の**桂離宮**《かつらりきゅう》などにみられるような、数寄屋造《すきやづくり》という建築様式も生まれました。

絵画では、京都の俵屋宗達《たわらやそうたつ》が『**風神雷神図屏風**』に代表される装飾画を生み出しました。また、文禄・慶長の役の際に、諸大名が連れ帰った朝鮮人陶工の手で**有田焼**《ありたやき》・薩摩焼《さつまやき》・萩焼《はぎやき》といった優れた焼き物が作られました。

4 家綱の時期（1651～80年）
不穏な時代と金欠幕府のはじまり

1651（慶安《けいあん》4）年、3代将軍徳川家光が亡くなると、子の**徳川家綱**が11歳の若さで4代将軍となりました。幼少の将軍の登場は幕府に対して不満を持つ者たちの動きを活発化させます。家綱が将軍に就任した3か月後、兵学者の由井正雪《ゆいしょうせつ》が、職を失い幕府に不満を持つ牢人《ろうにん》と呼ばれる武士などを集めて慶安の変を起こそうとしたのです。そのため幕府は、牢人の増加を防ぐ政策をおこないました。

1657（明暦《めいれき》3）年、明暦の大火が起こります。この火事で、江戸城の本丸は焼け落ち、江戸の60％が焼き尽くされてしまいました。

この後、江戸の町の復興で、幕府は深刻な財政難に陥《おちい》ることとなるのです。

5 江戸時代最大の悪法？

綱吉の時期（1680〜1709年）

1680（延宝《えんぽう》8）年、4代将軍家綱が亡くなりますが、家綱には子がなく、綱吉の兄も亡くなっていたため、家光の4男で、家綱の弟にあたる**徳川綱吉《つなよし》**が5代将軍となります。

綱吉が出した武家諸法度《ぶけしょはっと》には、「弓馬の道（＝武力）」よりも「忠孝の道（＝忠義）」を第一にすべきであると記され、武断政治から**文治政治《ぶんち》**への転換が図られました。

仏教に帰依《きえ》した綱吉は、1685（貞享《じょうきょう》2）年、**生類憐《しょうるいあわれ》みの令**を出して、犬を大事にし、生き物すべてを殺すことを禁じました。

一方、綱吉の頃になると、佐渡鉱山《さどこうざん》などの金銀の産出量が激減します。さらに、明暦の大火の後におこなわれた江戸の復興は、幕府財政を圧迫することになりました。

そこで、勘定吟味役《かんじょうぎんみ》の荻原重秀《おぎわらしげひで》は、1695（元禄《げんろく》8）年、小判に含まれる金の量を減らして小判を水増しする政策を行いました。この小判を**元禄小判**といいます。しかし、質の劣った小判を発行することで、物価は上昇し、人々の生活や幕府の財政は、さらに圧迫されることとなりました。

『忠臣蔵』でおなじみの**赤穂《あこう》事件**が起こったのもこの頃です。1701（元禄14）年、赤穂藩主**浅野長矩《あさのながのり》**が、江戸城殿中において**吉良義央《きらよしなか》**を斬りつけたため、浅野家は幕府から取りつぶしの処断を受けます。これに対して翌1702（元禄15）年、浅野家の旧家臣たちが吉良義央を討ったのです。この事件は「仮名手本忠臣蔵《かなてほんちゅうしんぐら》」として、歌舞伎などで多く上演されるようになりました。

6 町人文化の成熟
元禄文化

元禄時代になると、経済の発展にともなって、武士や町人だけではなく、民衆も文化の担い手となっていきます。この時期の文化を**元禄文化**といいます。

大坂の町人**井原西鶴《いはらさいかく》**は、『好色一代男《こうしょくいちだいおとこ》』や『日本永代蔵《にっぽんえいたいぐら》』といった浮世草子と呼ばれる小説で、民衆の生活を生き生きと描きました。

近松門左衛門《ちかまつもんざえもん》は『**曽根崎心中《そねざきしんじゅう》**』など、人形浄瑠璃の脚本を書いて、庶民の生活や義理人情を映し出しました。近松の作品は、**竹本義太夫《たけもとぎだゆう》**による義太夫節と呼ばれる浄瑠璃語りをバックに上演される和製ミュージカルでした。

伊賀出身の松尾芭蕉《まつおばしょう》は、幽玄閑寂《ゆうげんかんじゃく》の蕉風《しょうふう》俳諧を確立し、『奥の細道《おくのほそみち》』などの紀行文を著しました。

歌舞伎では、市川團十郎《いちかわだんじゅうろう》が江戸で荒事《あらごと》と呼ばれる演技で評判を取り、上方《かみがた》では坂田藤《さかたとう》十郎《じゅうろう》が恋愛劇である和事《わごと》で、そして芳沢《よしざわ》あやめが女形《おやま》の名優として活躍しました。

学問の世界では、和算《わさん》の関孝和《せきたかかず》が円周率の計算などで世界的なレベルに到達していました。

絵画では、京都の尾形光琳《おがたこうりん》が、俵屋宗達の画法を受け継ぎ、琳派をはじめました。代表作には絵画では『燕子花図屛風《かきつばたずびょうぶ》』、蒔絵《まきえ》では『八橋蒔絵螺鈿硯箱《やつはしまきえらでんすずりばこ》』などがあります。

江戸では菱川師宣《ひしかわもろのぶ》が、浮世絵版画をはじめました。版画は大量生産が可能なため、安価で入手できることもあり、大きな人気を得ました。菱川師宣の代表作は、『見返《みかえ》り美人図』ですが、これは版画ではなく、肉筆画です。

豆知識

市川團十郎家

市川團十郎家は歌舞伎の市川一門の宗家で、歌舞伎役者の名跡の中でも最も権威のある名とみなされています。

市川團十郎家には、市川海老蔵《えびぞう》という名跡がありますが、もともとは團十郎に襲名した後で、海老蔵と襲名するのが通例で、海老蔵から團十郎を襲名するのは最近になってからのことです。

團十郎の名跡を継いだ者のうち半数は、何らかの形で非業の最期を遂げています。初代は舞台上で共演の役者によって刺殺され、3代目は21歳の若さで急死し、6代目も同じく21歳で急死。8代目は公演先の大坂で謎の自殺を遂げ、11代目は團十郎襲名後わずか3年半で病死しました。

第19講 江戸時代中期・後期の日本——18世紀〜19世紀

江戸時代中・後期

18世紀

江戸時代は、17世紀を前期、18世紀を中期、19世紀を後期として、3つの時期に分かれました。前期は第18講でお話ししましたね。今回は中期から後期にかけてとなります。18世紀も、17世紀同様、4つの時期に分けることができます。

●18世紀

1 新井白石の時期　1709〜16年　正徳の治　6代家宣、7代家継

2 徳川吉宗の時期　1716〜51年　享保の改革　8代吉宗

3 田沼意次の時期　1760〜86年　田沼時代　10代家治

4 松平定信の時期　1787〜93年　寛政の改革　11代家斉

松平定信の時期が若干短くなりますが、これもきれいにほぼ4半世紀ごとに続いています。そして19世紀も、同じく4つの時期に分けることができます。

●19世紀

1 徳川家斉の時期　1804〜30年　文化・文政時代

19世紀

2 徳川家慶の時期	1830～44年	天保年間
3 開国と討幕	1853～67年	13代家定～15代慶喜
4 明治時代	1868年～	

開国から討幕までは、わずか15年しかありませんが、これも、ほぼ4半世紀ごとに推移しています。「開国と倒幕」「明治時代」については、以降の講で順次扱います。

それでは、最初の時期からみていきましょう。

1 朱子学者による「正徳の治」

新井白石の時期（1709～16年）

5代将軍徳川綱吉は、1709（宝永《ほうえい》6）年に亡くなります。綱吉には男子がいなかったため、綱吉の甥《おい》にあたる徳川家宣《いえのぶ》が6代将軍となります。

家宣は、将軍に就任すると早速、悪名高い生類憐みの令を廃止します。家宣は同時に酒税も廃止したため、一気に民衆の人気と期待を得ます。

家宣は、自らの儒学の師で、朱子学者の**新井《あらい》白石《はくせき》**と側用人《そばようにん》の間部《まなべ》詮房《あきふさ》を登用して、政治改革に着手しました。これを**正徳《しょうとく》の治**といいます。家宣は、新井白石らとともに積極的な政治改革をおこなっていきます。

新井白石の政策の柱は2つです。1つ目は将軍の権威を高めることです。

1710（宝永7）年には、新しい宮家として、閑院宮《かんいんのみや》家を創設します。そして、そのための資金を幕府が出すことで、天皇家への影響力を強め、将軍権威を高めていこうとしたのです。

1711（正徳元）年には、家宣の将軍就任を祝って、朝鮮から**通信使《つうしんし》**が派遣されます。家宣は、これまでの使節に対するもてなしが丁重すぎたとして、これを簡素にしました。また、通信使が日本の将軍に対して用いていた「大君《たいくん》」という呼称を、より敬う意味の高い「国王」に改めることで、将軍権威を高めようとするのです。

1712（正徳2）年、家宣が亡くなると、子の徳川家継《いえつぐ》が7代将軍となります。家継はまだ3歳だったため、政治は完全に新井白石らに依存するようになりました。

白石は、将軍家継と、霊元《れいげん》天皇の娘の吉子内親王《よしこないしんのう》との婚約をまとめます。家継は6歳、吉子内親王はまだ2歳でした。これも将軍権威を高めるためです。

もう1つの政策の柱は、5代綱吉の時代に破綻《はたん》寸前となった財政の再建です。

1714（正徳4）年には、新しい小判を発行します。**正徳小判**です。正徳小判は、これまでの元禄小判よりも金の含有率を高め、以前の慶長小判と同じ品質にしたものです。これにより、白石はインフレーションを抑えようとしたのですが、度重なる貨幣の変更は、かえって社会の混乱を招くこととなり、インフレの抑制にはつながりませんでした。
この頃、長崎貿易によって、多くの金銀が流出していました。そこで白石は、1715(正徳5)年、海舶互市新例《かいはくごししんれい》を出します。これは、貿易額を制限することで、海外への金銀の流出を防ごうとした法律です。

豆知識

マルチな才能を持った新井白石

新井白石は、儒学以外に、哲学、倫理学、史学にとどまらず、地理学、国語学、文学、民俗学、考古学、宗教学、兵法武器、植物学など広範囲に才能を発揮します。著書の『東雅』は国語辞典の先駆、『白石詩草』は近世漢詩集の代表、アイヌ研究書の『蝦夷《えぞ》志』、沖縄解説書の『南島志』は民俗学の先駆として評価されています。

2 徳川吉宗の時期（1716〜51年）
暴れん坊将軍、幕府を立て直せるか？——「享保の改革」

7代将軍徳川家継は、1716（正徳6）年、わずか8歳で亡くなってしまいました。このため、家康の直系で後継者とするべき人物がいなくなってしまったのです。そこで、徳川御三家の1つである紀州《きしゅう》藩から将軍が迎えられます。8代将軍**徳川吉宗《よしむね》**です。

吉宗は、29年間にわたり将軍をつとめることとなります。この吉宗がおこなった改革を**享保《きょうほう》の改革**といいます。

吉宗は、自らが中心となって政治をおこないます。吉宗は、旗本《はたもと》の**大岡忠相《おおおかただすけ》**を江戸町奉行にするなど有能な人材を登用しました。

享保の改革では、財政の再建と都市の整備の2点に重点を置きました。

まずは財政の再建から。まず吉宗は、倹約令によって支出を抑えようとします。さらに大名の参勤交代の負担を減らす代わりに、石高1万石につき100石を臨時に献上させました。これを**上げ米**といいます。

吉宗は、年貢《ねんぐ》率の引き上げもおこないました。税率40％から50％への大幅アップです。

また、豊かな商人の財力を使って、新田開発をおこないました。これらの政策の結果、幕府の領地の石高は1割以上増加し、年貢収入も増大したのです。

第2の柱は、都市の整備です。これは、先ほど紹介した大岡忠相によっておこなわれました。「火事と喧嘩《けんか》は江戸の華《はな》」といわれるほど、江戸は火事の多い都市でした。そこで吉宗は、広小路《ひろこうじ》や火除地《ひよけち》といった防火施設を設けます。また、消火制度を強化するため、従来の定火消《じょうびけし》に加えて、町人による**町火消**《まちひけし》を組織させます。

庶民の意見は、**目安箱**《めやすばこ》によって集められました。目安箱の意見で作られたのが、小石川《こいしかわ》養生所《ようじょうしょ》という貧民を対象とした医療施設です。

吉宗は、徳川家の血筋が途絶えないようにするため、尾張、紀州、水戸《みと》の徳川御三家を補佐する三分家を創設します。次男の宗武《むねたけ》に田安《たやす》家を、4男の宗尹《むねただ》に一橋《ひとつばし》家を興させました。ここに9代将軍徳川家重《いえしげ》の次男重好《しげよし》が興した清水《しみず》家を合わせて、御三卿《ごさんきょう》といいます。

しかし、吉宗の改革の努力も虚しく、1732(享保17)年には、享保の飢饉《ききん》が起こります。これは、天候不順により、西日本一帯でイナゴやウンカといった虫が大量に発生し、稲を食い尽くしたことで起こった大凶作です。民衆の暮らしは大きな打撃を受け、江戸では翌1733(享保18)年に、最初の**打ちこわし**が起こり米問屋が襲われました。

徳川家（江戸幕府）の略系図

（▒は御三家、□は御三卿を指す）

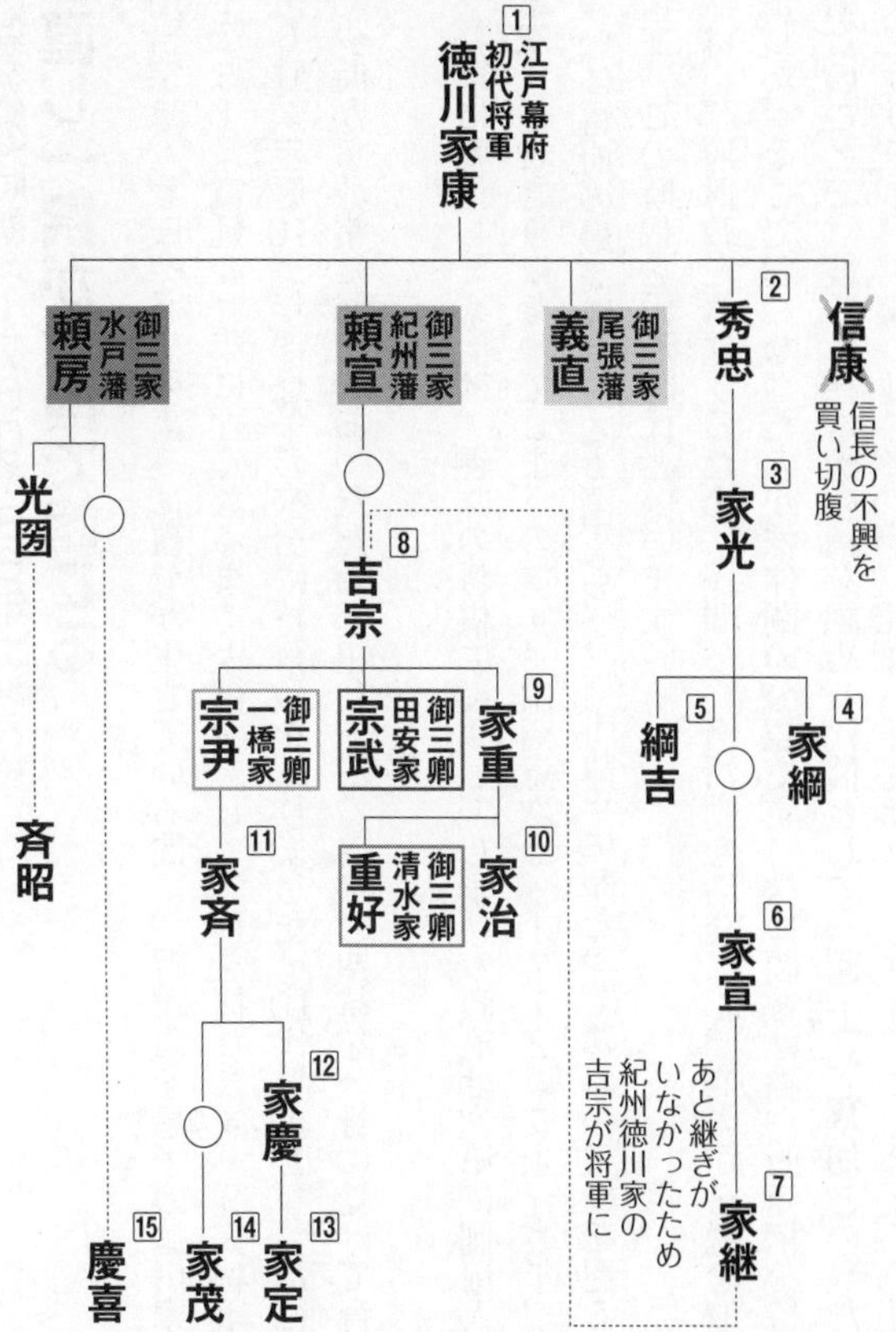

3 田沼意次の時期（1760～86年）
世直し一揆が全国で起こる

将軍徳川吉宗は、家康や秀忠のように自分が生きている間に、将軍職を息子の徳川家重に譲り、1751（寛延《かんえん》4）年に亡くなるまで大御所として実権を握ります。9代将軍家重は、1760（宝暦《ほうれき》10）年、息子の家治《いえはる》に将軍職を譲りました。10代将軍となった徳川家治は、幼少時から非常に聡明《そうめい》であったため、祖父である吉宗の期待を一身に受けて育ちました。

しかし、将軍に就任した家治は、趣味の将棋に没頭してしまい、政治は次第に側用人である**田沼意次《たぬまおきつぐ》**に任せきりになってしまうのです。田沼意次は、1772（安永《あんえい》元）年、側用人からついに幕府の最高職である老中《ろうじゅう》となり、十数年にわたって幕府の実権を握るようになります。この時代を**田沼時代**といいます。

田沼意次は、幕府財政を再建するため、民間の経済活動を活発にし、商人から税を取ろうと考えました。そこでおこなったのが**株仲間《かぶなかま》**の公認です。株仲間とは独占販売権を持った同業者組合のことで、彼らに独占販売権を認める代償として、**運上《うんじょう》**や**冥加《みょうが》**といった営業税を徴収するのです。さらに田沼は、最上徳内《もがみとくない》らを蝦夷地《えぞち》（北海道）に派遣して、蝦夷地の開発やロシア人との交易の可能性を調査させます。

しかし、1782（天明《てんめい》2）年、東北地方で冷害が発生し、飢饉がおこります。翌1783（天明3）年には**浅間《あさま》山**が大噴火し、飢饉は数年におよぶ大飢饉に発展してしまうのです。これを**天明の飢饉**といいます。天明の飢饉では東北地方を中心に、多くの餓死《がし》者が出ました。被害はとくに東北北部でひどく、津軽《つがる》藩では餓死者が十数万人に達し、絶滅する村が後を絶ちませんでした。

飢饉による**百姓一揆《ひゃくしょういっき》**や**打ちこわし**は全国に拡大していきます。そのような中、1784（天明4）年、意次の子で若年寄《わかどしより》だった田沼意知《おきとも》が江戸城内で刺殺される事件が起こりました。殺した人物は佐野政言《さのまさこと》。佐野は、個人的な恨みから意知を殺したといわれていますが、佐野の起こしたこの事件は世間から喝采《かっさい》をあびることとなり、佐野は「世直し大明神」と呼ばれるようになるのです。

天明の飢饉により、田沼意次の勢力は急速におとろえていきました。そして、1786（天明6）年、将軍徳川家治が死去すると、意次はすぐに老中を罷免《ひめん》されてしまいました。

豆知識

天明の飢饉による惨禍

天明の飢饉による被害は東北地方を中心としましたが、とくに陸奥《むっ》でひどく、弘前藩《ひろさき》では死者が十数万人に達したとも伝えられ、逃散した者も含めると藩の人口の半数近くを失ったといわれています。また飢餓とともに疫病も流行したので、1780年から86年間に100万人近くの人口減を招いたとされています。

4 まるで生徒会長?! 吉宗の孫の「寛政の改革」

松平定信の時期（1787〜93年）

家治の子は幼くして亡くなっていました。また、家治の弟にも子がいなかったため、次期将軍は、吉宗が創設した御三卿の一橋家から迎えられることになりました。その人物が、1787（天明7）年、11代将軍となった**徳川家斉《いえなり》**です。

この年には、江戸・大坂をはじめとした全国30余りの都市で**天明の打ちこわし**が起こりました。

こうした状況の中で老中に就任したのが、白河《しらかわ》藩主の**松平定信《さだのぶ》**です。松平定信は、父が御三卿の田安家の田安宗武、祖父が8代将軍吉宗という家柄です。

松平定信は、飢饉で崩壊《ほうかい》した農村と幕府財政を再建し、ゆるんだ社会の気風を引き締めようと躍起になります。この松平定信の改革を**寛政の改革**といいます。

農村の再建のため、定信は、**旧里帰農令《きゆうりきのうれい》**を出し、自分の村を捨てた農民に資金を与えて農村に帰るよう奨励《しようれい》します。また飢饉に備え、米などを備蓄させる**囲米《かこいまい》**をおこなわせたほか、各地に社倉《しやそう》や義倉《ぎそう》といった倉を作らせました。

定信は、江戸の石川島《いしかわじま》に**人足寄場《にんそくよせば》**を設け、当時江戸にあふれていた無宿人《むしゆくにん》つまりはホームレスを強制的に収容します。ここでは職業訓練がおこなわれました。また、貧しい人を救うため、町に対して町費を節約させ、それを積み立てる**七分積金《しちぶつみきん》**をおこないました。

また、困窮する旗本や御家人に対しては、棄捐令《きえんれい》を出して借金を帳消しにしました。

定信は、朱子学を幕府の正式な学問とし、1790（寛政2）年には、**寛政異学《いがく》の禁**を出し、湯島聖堂《ゆしませいどう》の学問所で朱子学以外の講義や研究を禁じました。

また、洒落本《しやれぼん》作者の山東京伝《さんとうきようでん》や、黄表紙《きびようし》作者の恋川春町《こいかわはるまち》、出版元の蔦屋重三郎《つたやじゆうざぶろう》などが風紀を乱すとして弾圧されました。

しかし、こうした寛政の改革の厳しい統制は、民衆の反発を招くことになりました。幕府内部からも批判を受けた定信は、1793（寛政5）年、老中を辞めさせられてしまいます。

5 徳川家斉の時期（1804～30年）
庶民文化の花開く――文化・文政時代

松平定信が老中を辞めた後も、11代将軍**徳川家斉**は、将軍として権力を握り続けました。家斉は、将軍職を子の徳川家慶《いえよし》に譲った後も、依然として権力を持ち続け、50年間も実権を握り続けていました。

また、この頃には、品質の劣った貨幣を大量に発行させることで幕府財政をうるおわせていました。将軍や大奥《おおおく》の生活はますます華美になって、商人の経済活動も活発になり、都市を中心に庶民文化の花が開きます。これを**化政《かせい》文化**といいます。

6 化政文化
退廃と滑稽の文化

化政文化の特徴は、都市を中心とした庶民文化です。

小説では、江戸の色街を描いた洒落《しゃれ》本や、黄表紙《きびょうし》と呼ばれる風刺のきいた絵入りの小説が刊行されました。また、滑稽《こっけい》さや笑いをもとにした滑稽本では、『浮世風呂《うきよぶろ》』の式亭《しきてい》三馬《さんば》や、『**東海道中膝栗毛**《とうかいどうちゅうひざくりげ》』の**十返舎一九**《じっぺんしゃいっく》が登場しました。恋愛ものを扱った人情本や、歴史や伝説を題材にした読本《よみほん》も人気を博し、『雨月物語《うげつものがたり》』の上田秋成《うえだあきなり》や、『**南総里見八犬伝**《なんそうさとみはっけんでん》』の**曲亭馬琴**《きょくていばきん》らが活躍しました。

俳諧では、京都の**与謝蕪村**《よさぶそん》が絵画的な句を詠みます。信濃の**小林一茶**《こばやしいっさ》は『おらが春』で、農村の人々の様子を詠みました。また柄井川柳《からいせんりゅう》らによって**川柳**が、大田南畝《おおたなんぽ》（蜀山人《しょくさんじん》）・石川雅望《いしかわまさもち》（宿屋飯盛《やどやのめしもり》）によって**狂歌**《きょうか》が作られたのもこの頃です。

歌舞伎に圧倒された浄瑠璃は、常磐津節《ときわづぶし》・清元節《きよもとぶし》といった、唄浄瑠璃《うたじょうるり》の方向に進んでいきました。

絵画では、浮世絵が中心となります。鈴木春信《すずきはるのぶ》が錦絵《にしきえ》と呼ばれるオールカラーの浮世絵版画を創作したことにより、全盛期を迎えるのです。まず、美人画の**喜多川歌麿**《きたがわうたまろ》や、役者絵・相撲《すもう》絵の**東洲斎写楽《とうしゅうさいしゃらく》**らが現れます。彼らの浮世絵は顔をクローズアップして描いたことから大首絵《おおくびえ》と呼ばれました。その後、**葛飾北斎《かつしかほくさい》**の『**富嶽三十六景《ふがくさんじゅうろっけい》**』や**歌川広重《うたがわひろしげ》**の『**東海道五十三次《とうかいどうごじゅうさんつぎ》**』に代表される、風景画が描かれるようになります。これらの浮世絵はモネやゴッホといったヨーロッパ印象派の画家たちにも大きな影響を与えました。

一方で、円山応挙《まるやまおうきょ》は写生を重んじた絵を、**平賀源内《ひらがげんない》**・司馬江漢《しばこうかん》は西洋画を描きました。

7 相次ぐ財政難――天保の大飢饉

徳川家慶の時期（1830～44年）

1832（天保《てんぽう》3）年から翌1833（天保4）年にかけて、収穫が例年の半分以下の凶作となり**天保の飢饉**が起こります。困窮した人々が農村や都市にあふれ、百姓一揆や打ちこわしが頻発しました。飢饉は、1836（天保7）年まで続きます。

大坂では、餓死者が相次ぐ一方、豊かな商人が米を買い占めて米価を吊《つ》り上げます。大坂町奉行は貧しい人を救済するどころか、自らの出世のため、大坂にあった米を大量に江戸へ送っていたのです。これを見た大坂町奉行所の元下級役人・**大塩平八郎《おおしおへいはちろう》**は、1837（天保8）年、貧しい人を救うために武装蜂起《ほうき》しましたが、わずか半日で鎮圧されました。

1837（天保8）年、11代将軍徳川家斉は、将軍職を子の徳川家慶に譲りますが、依然として大御所としての権力を持ち続けます。

1841（天保12）年、徳川家斉が亡くなると、幕府は、財政難を克服するため、12代将軍**徳川家慶**のもとで、老中**水野忠邦**《みずのただくに》を中心として**天保の改革**をおこないます。

水野は、ぜいたくを徹底的に禁じます。高価な菓子や料理はもちろんのこと、歌舞伎役者が町を歩く際には編笠をかぶらせたほどです。

さらには、**人返しの法**を出して、百姓の出稼ぎを禁止し、江戸に流入した人については農村に帰ることを強制しました。

さらに水野は、独占販売権を持った株仲間が、商品価格を吊り上げていることが物価高の原因であると考え、**株仲間の解散**を命じました。しかし、このことはかえって混乱を招き、物価はますます上がってしまい、さらに不景気となってしまうのです。こうして、厳しい統制と不景気により、人々の不満は高まっていきました。

1843（天保14）年、水野忠邦は**上知令**《じょうちれい》を出します。これは、江戸・大坂周辺のおよそ50万石を幕府の直轄地《ちょっかつち》にしようというものです。ところが、これは、江戸・大坂周辺に領地を持っていた人たちを中心に大反対され、水野忠邦はとうとう失脚に追い込まれました。

第20講

幕末と日本の夜明け――19世紀後期

1853（嘉永6）年からいよいよ近代となります。19世紀後期は、前の講でお話ししたように、

1 開国と討幕　1853〜67年　13代家定〜15代慶喜
2 明治時代　1868年〜

の2つの時期に分けることができます。ペリー来航から江戸幕府滅亡までの、あの激動の時期がたった15年しかないことは驚きです。

今回の講義では、「開国と討幕」のみ扱っていきます。この時期は、4つの時期に分けることができます。

●19世紀後期　開国と討幕

1 開国の時期　1853〜54年
2 通商条約締結の時期　1855〜60年
3 尊王攘夷の時期　1860〜64年

つまり、1850年代前半・後半、そして1860年代前半・後半で時代が分かれるのです。

それでは、最初の時期からみていきましょう。

4 討幕の時期 1865〜67年

1 開国の時期（1853〜54年）西欧列強によるアジア侵攻

この頃大陸では、清国《しん》がアヘン戦争でイギリスに敗れます。その結果、香港《ホンコン》はイギリスの領土となり、中国は開国を余儀なくされます。2000年にわたってアジアの中心として君臨していた中国の敗北と開国は、幕府に大きな衝撃を与えました。

当時、日本の開国を望んでいたのはアメリカでした。アメリカは、太平洋を航海する際の寄港地として日本を考えていました。

1853（嘉永《かえい》6）年、アメリカ東インド艦隊司令長官**ペリー**は、黒船4隻を率いて浦《うら》賀《が》沖に現れ、日本に開国を迫ります。その1か月後、ロシアの使節プチャーチンも長崎に来航し、開国を要求します。

ペリーは、翌1854（安政《あんせい》元）年、再び軍艦7隻を率いてやってきます。幕府は、ペリーの圧力に屈する形で、**日米和親条約**《にちべいわしんじょうやく》を結び、下田《しもだ》・箱館《はこだて》（のちの函館）の2港を開港し、200年以上にわたった鎖国の歴史は幕を閉じます。

老中阿部正弘《あべまさひろ》は、ペリーの来航を朝廷に報告し、諸大名や幕臣たちにも意見を述べさせました。このことは、朝廷の権威を高めると同時に、幕府に対して諸大名や幕臣が意見を言える空気を作りました。これが、後の幕府の衰退、そして討幕へとつながっていくのです。

この時、江戸湾の防衛のため、湾岸に大砲の台が置かれました。この場所を**台場**《だいば》といいます。これが現在のお台場です。

2 通商条約締結の時期（1855〜60年）
大老の暗殺——桜田門外の変

1856（安政《あんせい》3）年、アメリカ総領事**ハリス**は、通商条約の締結を強く求めます。老中堀田正睦《ほったまさよし》は、孝明天皇に条約調印の勅許《ちょっきょ》を出してもらうよう求めましたが、天皇の周囲は、外国を追い出すべきだと考えていたため、天皇の勅許は下りませんでした。

この頃、幕府の内部では、次の将軍を誰にするかでもめていました。13代将軍徳川家定《いえさだ》に子がいなかったためです。越前藩主松平慶永《よしなが》・薩摩《さつま》藩主島津斉彬《しまづなりあきら》らは、聡明な**徳川慶喜**《よしのぶ》を推します。一方で彦根《ひこね》藩主井伊直弼《いいなおすけ》らは、血縁を重視して当時13歳の紀州藩主徳川慶福《よしとみ》を推します。井伊直弼は、大老に就任すると、反対派の意見を押し切って**徳川家茂**《いえもち》として14代将軍に就けたのです。

1858（安政5）年、清がアロー戦争でイギリス・フランスに敗北します。ハリスは、通商条約に調印しないと、イギリス・フランスが、日本に矛先を向けると脅します。これに押された大老**井伊直弼**は、**日米修好通商条約**《しゅうこう》に調印してしまいます。

この条約は不平等条約です。不平等な点は2点。第1に、外国人が日本で罪を犯した場合、日本の裁判所で裁くことができないという**治外法権**《ちがいほうけん》です。これによって、外国人が日本で罪を犯しても、不当に軽い刑となる事例が続出します。第2に、自分の国の関税を自分で決定できないという**関税自主権**の欠如です。このことは、自国の産業を関税で保護できないことを意味します。

井伊直弼は、天皇の許可を得ることなく通商条約を締結《ていけつ》したため、批判を受けます。そこで翌1859（安政6）年、井伊直弼は、**安政の大獄**《たいごく》により、彼を非難した人物を多数処罰しました。**松下村塾**《しょうかそんじゅく》を開いた**吉田松陰**《よしだしょういん》は、これで死罪となります。

翌1860(万延元《まんえん》)年、安政の大獄に怒った水戸藩を脱藩した浪士たちは、井伊直弼を江戸城の桜田門《さくらだもん》外《がい》で暗殺しました。これを**桜田門外の変**といいます。

豆知識

貿易が攘《じょう》夷《い》運動をもたらした

通商条約を締結した結果、横浜・長崎・箱館の3港で貿易がはじまります。当時、日本製品は品質がよい上に、非常に安価だったため、大量に外国に流出します。その結果、国内は品不足状態になり、物価は急上昇します。物価の急上昇を受け、人々の生活は苦しくなります。人々は物価上昇の原因を作った海外との貿易を批判します。その動きは外国を追い出すべきだという動きへと移っていきました。これを攘夷運動といいます。

3 混迷をふかめる日本

尊王攘夷の時期(1860~64年)

1860(万延元)年、井伊直弼が桜田門外の変で暗殺されると、老中安藤信正《あんどうのぶまさ》が幕政の中心となりました。安藤は、今までの幕府による独裁政治をやめ、天皇と幕府を一体化させる政策をはじめます。これを**公武合体**《こうぶがったい》といいます。安藤は、孝明《こうめい》天皇の妹**和宮**《かずのみや》を将軍**徳川家茂**の正室に迎えます。しかし、この結婚は、尊王攘夷を唱える人たちの怒りを買います。安藤は1862（文久《ぶんきゅう》2）年、江戸城の**坂下門外**《さかしたもんがい》で水戸藩の浪士たちに斬りつけられ、老中を辞めてしまいます。

安藤が老中を辞めると、公武合体を唱えていた薩摩藩の島津久光《しまづひさみつ》が、江戸に下って、公武合体を軸とした幕政改革を要求します。これを文久の改革といいます。

この頃、京都では、尊王攘夷の立場に立っていた長州藩の動きが活発になっていました。尊王攘夷とは「天皇を崇拝《すうはい》し、外国を追い出そう」という考え方です。

長州藩は、攘夷を決行すべく、1863（文久3）年5月10日、下関《しものせき》を通過する外国船を砲撃する事件を起こしました。

外国の脅《きょう》威《い》を実感していた幕府にとって、攘夷を唱える長州藩が京都で力を持つことは、都合のよいことではありませんでした。長州藩が京都にいる限り、公武合体を前に進めることもできません。そこで、公武合体を唱えていた薩摩藩と会津藩は、1863（文久3）年8月18日、長州藩と公家の三条実美《さんじょうさねとみ》らを京都から追放する**八月十八日の政変**を起こします。

さらに、翌1864（元治《げんじ》元）年6月には、**近藤勇**《こんどういさみ》ら**新撰組**《しんせんぐみ》の浪士が、京都の池田屋《いけだや》という旅館で尊王攘夷を唱えていた人たちを殺傷する**池田屋事件**を起こします。この新撰組が、幕府が設置した京都守護職の指揮下にあったことに長州藩は怒り、同年7月、京都に攻めのぼりますが、薩摩藩と会津藩の兵に負けてしまいます。これを**蛤**《はまぐり》**御門**《ごもん》**の変**（もしくは禁門《きんもん》の変）といいます。

長州藩が幕府に逆らったため、幕府はただちに諸藩に命じて長州藩の征討をおこないます。ヨーロッパの国々も、1864（元治元）年に長州藩の外国船砲撃に対する報復として、下関を攻撃します。これを**四国艦隊**《しこくかんたい》**下関砲撃事件**といいます。これらの攻撃を受け、長州藩は大きなダメージを受けました。

外国の攻撃を受けた長州藩は、攘夷が不可能であることを悟り、弱腰になります。この状況に危機感を抱いた長州藩の**高杉晋作**《たかすぎしんさく》は、**奇兵隊**《きへいたい》と呼ばれる門閥《もんばつ》を問わない武士団を率いて兵を挙げ、藩の主導権を奪います。高杉は、藩の考え方を**討幕**へと転換させ、イギリスと接近して軍事力の強化をはじめました。

4 討幕の時期（1865〜67年）
日本の夜明けは近い

幕府の無力を見抜いたイギリスは、力のある藩に、天皇を中心とした新しい政治体制を作らせようと考えるようになっていきます。

薩摩藩は、島津久光の行列を横切ったイギリス人を殺傷する**生麦事件**《なまむぎじけん》を起こしました。これに怒ったイギリスは、報復措置《そち》として鹿児島を襲う薩英《さつえい》戦争を起こします。薩英戦争によってイギリスの強さを知った薩摩藩は、イギリスに接近するようになり、同じくイギリスと接近していた長州藩をひそかに支援するようになるのです。

1866（慶応《けいおう》2）年、薩摩藩と長州藩は、ひそかに軍事同盟を結び、反幕府の態度を固めます。これを**薩長連合**《さっちょうれんごう》といいます。そしてこの薩長連合の仲介者こそが、土佐藩出身の**坂本龍馬**《さかもとりょうま》と中岡慎太郎《なかおかしんたろう》なのです。

1866（慶応2）年、14代将軍徳川家茂が急死すると、**徳川慶喜**が15代将軍となります。徳川慶喜は、フランスの援助のもとで幕府を立て直そうとしましたが、ひそかに薩長同盟を結んでいた薩摩藩と長州藩は、幕府を見限り、武力討幕を決意します。

しかし、これに反対するのが土佐藩なのです。土佐藩は、武力による討幕は国内にさらなる混乱をもたらすので、好ましくないと考えます。そこで、土佐藩士の**後藤象二郎**《ごとうしょうじろう》と坂本龍馬は、政権を返還して、討幕できないようにするため、前土佐藩主の**山内豊信**《やまうちとよしげ》（**容堂**《ようどう》）を通じて、徳川慶喜に進言します。これは、江戸幕府が政権を返上した上で、将軍を議長とし、各藩の藩主や藩士や公家たちから構成される国会のようなものを作って、そこで物事を決めていくという提案でした。慶喜は、この提案を受け入れ、1867（慶応3）年10月14日、**大政奉還**《たいせいほうかん》の上表《じょうひょう》を朝廷に提出し、政権を朝廷に返上します。

政権を返上された結果、討幕派は討幕の名目を失ってしまいます。そこで討幕派は、12月9日、**王政復古の大号令**《おうせいふっこのだいごうれい》を出し、天皇を中心とする新政府の樹立を宣言します。これにより、江戸幕府は260年以上の歴史に幕を閉じるのです。

京都にいた徳川慶喜は、大坂城に引きあげ、新政府と軍事的に対決する姿勢を示します。そして翌1868（慶応4）年、旧幕府軍と新政府軍の間で**戊辰戦争**《ぼしんせんそう》がはじまります。

坂本龍馬は、大政奉還のおよそ1か月後、11月15日に京都の近江屋《おうみや》で、何者かに暗殺されてしまいました。王政復古の大号令のわずか1か月前のできごとでした。

豆知識

寺田屋事件とお龍《りょう》、はじめての新婚旅行

坂本龍馬とお龍は、薩長同盟締結の直後の3月4日、薩摩藩船「三国丸」で大坂を出帆しました。船上で龍馬は「天下が鎮まったら汽船をこしらえて日本をめぐろうか」と言うと、お龍は「家などいりません。船があれば十分です。外国までめぐってみたいです」と言い返しました。

これを聞いた西郷は「お龍は突飛な女だ」と大笑いしたといいます。鹿児島に到着したお龍は龍馬と温泉療養に向かい、その様子を姉の乙女《おとめ》に宛てて絵図入り手紙を送りました。この様子が日本最初の新婚旅行として知られています。

第21講 明治時代前半――1868〜1889年

いよいよ明治時代に入ってきました。明治時代は、1868年から1912年までの45年間です。国会開設の前と後で2つに区分できます。前期が1860〜80年代で、後期が1890〜1910年代です。さらに、西暦5年刻みで細かく区分し、とらえていきましょう。

今回の講義では、明治時代の前半にあたる次の各時期を扱います。

●明治時代前期

1	1860年代後半	明治維新
2	1870年代前半	自由民権運動（1）
3	1870年代後半	自由民権運動（2）
4	1880年代前半	松方財政
5	1880年代後半	内閣制度と憲法の作成

それでは、明治時代の前半を1つずつみていくことにしましょう。

1 旧幕府軍の降伏と明治維新 1860年代後半(1868~71年)

1868(慶応4)年1月、旧幕府軍は、大坂城から京都に進撃しましたが新政府軍に敗れます。戊辰戦争最初のこの戦いを、鳥羽《とば》・伏見《ふしみ》の戦いといいます。新政府軍は、徳川慶喜を追討するべく東に向かいます。

一方で、江戸での無為な戦争は避けたいと考えていた**勝海舟**《かつかいしゅう》は、同1868(慶応4)年4月、新政府軍の**西郷隆盛**《さいごうたかもり》と会談し、**江戸城の無血開城**《むけつかいじょう》を決定します。その後、新政府軍は、同年9月に**会津若松城**《わかまつ》を攻め落とし、翌1869(明治2)年5月、箱館の五稜郭《ごりょうかく》に立て籠もっていた榎本武揚《えのもとたけあき》らの軍を降伏させ、戊辰戦争を終結させます。

戊辰戦争と平行させて、新政府は、新しい政治体制を整えていきます。

1868(慶応4)年3月には**五箇条の誓文**《ごかじょうのせいもん》を公布して、新政府の基本方針を示し、閏《うるう》4月には政体書を制定して政府の組織を整えました。

新政府は、7月に江戸を東京と改め、9月に年号を明治と改元して、天皇が代わらない限り元号を変えない一世一元制《いっせいいちげんせい》を採用します。そして翌1869(明治2)年には首都を京都から東京に移しました。

新政府は、1869（明治2）年には、領地と領民を朝廷に返す版籍奉還《はんせきほうかん》を命じ、1871（明治4）年には、廃藩置県《はいはんちけん》を断行。すべての藩を廃止し府県としました。旧大名は大名の地位を解かれた後、華族《かぞく》として東京に住むことを命じられたのです。

2 近代化と自由民権運動のおこり
1870年代前半（1871～75年）

1871（明治4）年、廃藩置県を断行して国内を統一した新政府は、様々な内政改革をおこないます。

同年には新貨条例が定められ、円・銭《せん》・厘《りん》を単位とした新硬貨が造られるようになります。さらに、前島密《まえじまひそか》の建議により、郵便制度が発足しました。

翌1872（明治5）年に東京・横浜間に鉄道が開通します。同年には群馬県に**富岡製糸場**《とみおかせいしじょう》が設置され、殖産興業《しょくさんこうぎょう》をつかさどる内務省の管轄のもとで発展します。

軍事制度では、1873（明治6）年、国民皆兵《こくみんかいへい》を原則とする**徴兵令**《ちょうへいれい》を公布し、満20歳に達した男子に3年間の兵役《へいえき》を課すことにしました。

税制では、同年、**地租改正条例**《ちそ》が公布されます。これは課税の基準を地価に変更し、地価の3%を土地所有者に納税させる方法です。

同年には、**征韓論**《せいかんろん》が否決されます。征韓論とは、国交樹立を拒む朝鮮に対して、強い立場で臨もうというものでした。

征韓論が否決されると、**西郷隆盛**・板垣退助《いたがきたいすけ》など征韓論を唱えていた政府首脳は、いっせいに辞職し、政府批判をはじめます。

また、板垣退助・後藤象二郎らは、民撰議院設立の建白書《けんぱくしょ》を提出し、国会の開設を求めます。このことをきっかけとして、**自由民権運動**は急速に盛り上がっていくのです。1874(明治7)年、板垣は郷里の土佐で立志社《りっししゃ》を興し、翌1875(明治8)年には、立志社を中心に民権派の全国組織である愛国社《あいこくしゃ》を大阪に設立します。

これに対して政府は、同年4月、漸次立憲政体樹立《ぜんじりっけんせいたいじゅりつ》の詔《みことのり》を出し、国会開設へと動くことを約束しました。

その一方で、同年6月には、讒謗律《ざんぼうりつ》・新聞紙条例が制定され、民権運動家たちが新聞や雑誌で政府を攻撃することを厳しく取り締まりました。

豆知識

征韓論とは?

征韓論は、岩倉具視《ともみ》・大久保利通《としみち》・伊藤博文《ひろぶみ》ら政府首脳が、岩倉遣外使節で留守中だった際に起こりました。

板垣退助は朝鮮に軍隊を派遣することを主張しました。これに対して、西郷隆盛は、使者を派遣して交渉するように提案し、自らが全権大使として朝鮮に渡り、まず開国を要望して事態の打開を図ることを主張しました。

3 「サムライ」の終わりと民主化の足音

1870年代後半(1876〜81年)

この頃、国家財政を圧迫していたのは、秩禄《ちつろく》でした。これは旧武士で構成される士族《しぞく》や、旧大名や貴族で構成される華族に対して支給されていた恩給のようなもので、国の支出の30%をも占めていました。

そこで、政府は1876(明治9)年、秩禄を全廃します。同年には、**廃刀令**《はいとうれい》も出され、士族の特権がすべて奪われました。このため、不満を持った士族が反乱を起こします。

同年、熊本で敬神党《けいしんとう》の乱が起こると、これに呼応して福岡県では秋月《あきづき》の乱、山口県では萩の乱が起こります。地租改正反対一揆もこの年に頻発します。ちなみに、地租改正反対一揆の結果、地租は地価の3％から2・5％に引き下げられました。

そして翌1877（明治10）年には、**西郷隆盛**を中心とした、最大規模の士族反乱である**西南《せいなん》戦争**が起こります。政府はこれを約半年かけて鎮圧しました。

士族反乱が一段落すると、再び民権運動が盛り上がります。1878（明治11）年、解散状態にあった愛国社の再興大会が大阪で開かれ、1880（明治13）年3月、国会期成同盟が結成されました。そして国会開設を求める請願書を提出しようとしますが、政府はこれを受理しないばかりか、4月に集会条例を定めて、民権派を弾圧します。

民権運動が盛り上がりをみせている頃、政府の内部でも国会の開設をめぐって対立が起こっていました。**大隈重信《おおくましげのぶ》**は国会の早期開設を主張し、伊藤博文らと対立します。この時偶然起こったのが、開拓使官有物払下《かいたくしかんゆうぶつはらいさ》げ事件でした。これは、1881（明治14）年、黒田清隆《くろだきよたか》が、北海道の開拓使所属の官有物を、関西貿易社に不当に安い価格で払い下げようとした事件です。

この事件を受け、世論の政府攻撃は激しさを増していきます。政府は、この世論の動きに関係があるとして、大隈重信を罷免《ひめん》します。一方で、世論を抑えきれなかった政府は、憲法を制定することと、国会を1890年に開設することを約束しました。

民権派の**板垣退助**は**自由党**を結成、翌年には、罷免された大隈重信は**立憲改進党**《りっけんかいしんとう》を結成し、国会開設に向けて動き出すのです。

4 インフレと地主の没落——松方財政

1880年代前半（1881〜85年）

1870年代後半、日本は深刻なインフレーションに見舞われます。理由は2つで、1つ目は、西南戦争の戦費をまかなうため、大量に紙幣を発行したことです。2つ目は国立銀行と呼ばれる「紙幣を発行することができる民間銀行」が、大量に紙幣を発行してしまったことです。つまり紙幣をたくさん発行しすぎたことで、貨幣の価値が下がり、インフレが起こってしまったというわけです。

当時、政府の財源の中心は地租でした。地租は地価の2・5%でした。この地価はあらかじめ決められたものだったため、いくらインフレになっても地価や地租は変わりません。そのため、インフレになっても政府の収入は変わらないという事態になり、財政は苦

松方財政によるデフレーション

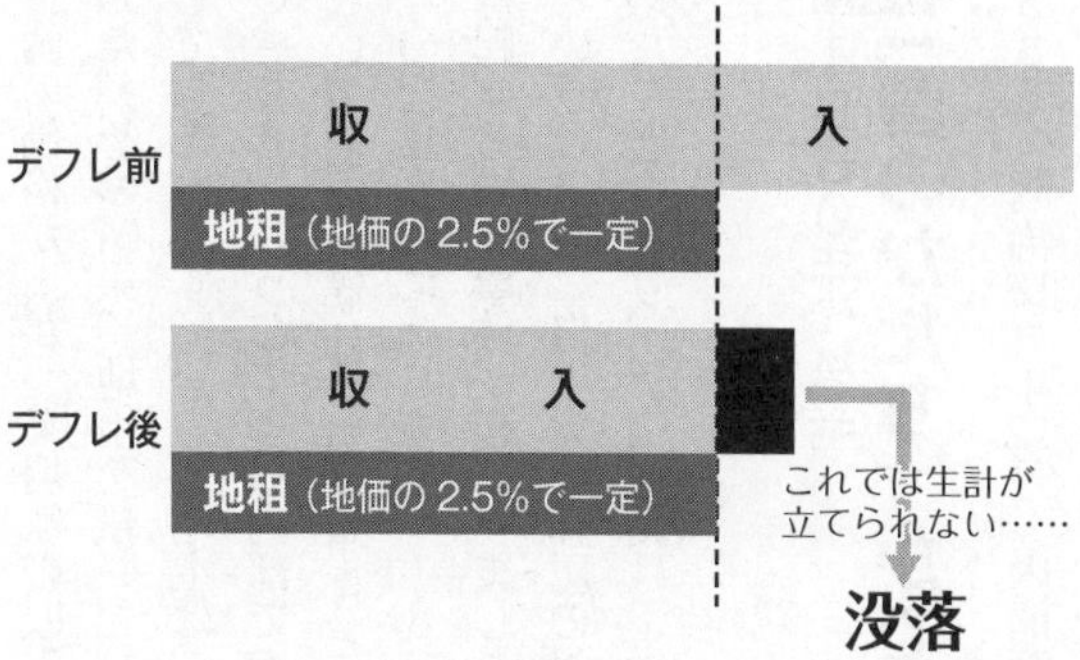

しくなっていくのです。

1881（明治14）年、大蔵卿《おおくらきょう》になった**松方正義**《まつかたまさよし》は、増税で政府の収入を増やす一方、軍事費以外の支出を徹底的に抑える緊縮財政をおこないます。

一方で松方は、紙幣を発行する機関を一本化するため、1882（明治15）年、**日本銀行**《にほんぎんこう》を設立しました。日本銀行は銀兌換《だかん》、つまりは銀との交換を保証された紙幣を発行することで、日本は銀本位制に移行していきます。

松方の緊縮財政で、紙幣の流通量が大幅に減らされたことにより、今度はデフレーションが引き起こされてしまいます。デフレーションの結果、米や繭《まゆ》などの価格が下落し、農村を中心に深刻な不況を招きます。

米や繭の価格が下がって農家の収入がいくら減っても、納める地租の金額は変わりませんでした。その結果、地租を払いきれなくなった農民は、自らの土地を手放し、小作農に転落してしまいます。一方、地主は、彼らが手放した土地を買い占めて、大地主へと成長していきます。こうして農村内部での貧富の差が拡大していくのです。

貧しい農民の不満は、激化事件という農民暴動に発展していきます。1882（明治15）年の福島事件にはじまり、1884（明治17）年には埼玉県秩父地方で、約1万の農民が蜂起する**秩父《ちちぶ》事件**が起こりました。これらの激化事件に、自由党が間接的に関与していたということで、自由党は弾圧の対象となり解党します。大隈重信が立憲改進党の党首を辞めたこともあり、民権運動は下火になっていきます。

5 1880年代後半 「国のかたち」ができる――内閣制度と憲法の作成

1885（明治18）年12月、**内閣制度**がはじまります。初代内閣総理大臣には、憲法作成の中心人物であった**伊藤博文**が就任します。

内閣制度がはじまり、国会開設の時期が近づくと、民権運動を再び盛り上げようという動きが起こります。1886（明治19）年には、星亨《ほしとおる》らが大同団結を唱えます。翌1887（明治20）年には、井上馨《いのうえかおる》外務大臣が条約改正交渉に失敗したことをきっかけに、政府を批判する三大事件建白運動が起こり、民権派が次々と東京に集結しはじめます。これに対して政府は、保安条例を公布して、民権派570人を東京から追放しました。

憲法草案は、伊藤博文を中心に作成されました。伊藤博文は、憲法草案の審議に集中するため、内閣総理大臣の職を**黒田清隆**に譲ります。天皇臨席のもとで審議された憲法草案は、1889（明治22）年2月11日、**大日本帝国憲法**として発布されました。黒田清隆首相は、憲法発布直後に「政府の政策は、政党の意向に左右されてはならない」という超然主義の立場を明らかにします。

豆知識　この頃の日本とアジアの関係は？

1876（明治9）年、日朝修好条規《じょうき》によって朝鮮が開国すると、朝鮮国内では親日派が台頭します。その中心となるのが、国王高宗《こうそう》の妃閔妃《びんひ》の一族です。

1882（明治15）年、閔妃一族のやり方に反対した国王の父の大院君《だいいんくん》が、漢城で反乱を起こします（壬午《じんご》軍乱）。反乱は失敗しましたが、壬午軍乱をきっかけに、閔妃一族は日本から離れ、清国に依存するようになります。

閔妃一族の動きに対し、日本と結んで朝鮮の近代化を図ろうとした金玉均《きんぎょくきん》らは、1884（明治17）年、日本公使館支援の元、クーデターを起こしますが失敗に終わります。この結果、日清関係が険悪になったため、翌1885（明治18）年、明治政府は清国との間に天津《てんしん》条約を結んで、日清間の軍事衝突を回避しました。

第22講 明治時代後半——1890〜1912年

明治時代の後半は、国会開設以降の時期となり、5年刻みで4つの時期に分けることができます。

●明治時代後期

1	1890年代前半	初期議会、日清戦争の時期
2	1890年代後半	列強の中国分割の時期　政党内閣の誕生
3	1900年代前半	桂園時代（1）日露戦争の時期
4	1900年代後半	桂園時代（2）日韓併合の時期

なお、内閣総理大臣については、

●1880年代後半　伊藤博文（長州）、黒田清隆（薩摩）
●1890年代前半　山縣有朋（長州）、松方正義（薩摩）、伊藤博文（長州）
●1890年代後半　松方正義（薩摩）、伊藤博文（長州）、大隈重信、山縣有朋
●1900年代前半　伊藤博文、桂太郎
●1900年代後半　西園寺公望、桂太郎

明治時代後半
1890〜1912年

となり、1900年代前半までのすべての時期で伊藤博文が首相となっています。また、山縣有朋と松方正義が1890年代前半と後半、桂太郎が1900年代前半と後半で、それぞれ2度首相になっているので、実質は、伊藤、黒田、山縣、松方、大隈、桂、西園寺の7人となります。また、この7人はこのように分類できます。

伊藤閥　伊藤博文、西園寺公望
山縣閥　山縣有朋、桂太郎
薩摩閥　黒田清隆、松方正義
その他　大隈重信

大隈重信内閣成立までは、長州藩出身者と薩摩藩出身者が交互に内閣を組織し、それ以降は、山縣閥と伊藤閥が交互に内閣を組織していったことがわかります。
では、それぞれの時期について、政治と外交の両面から説明していきましょう。

1890年代前半

1 初期議会、日清戦争の時期

現代の国会もカタなし？ 紛糾《ふんきゅう》する初期議会

1890（明治23）年、日本最初の衆議院議員総選挙がおこなわれ、旧民権派が圧勝します。そのため、第1回帝国議会では、**立憲自由党・立憲改進党**といった旧民権派（これを民党といいます）が衆議院の過半数を占めました。

第1次**山縣有朋**《やまがたありとも》内閣の第1議会、第1次**松方正義**内閣の第2議会では、政府と民党が真っ向から対立します。国会は空転し、衆議院は解散に追い込まれました。1892（明治25）年におこなわれた第2回総選挙では、内閣は、民党に対して厳しい選挙干渉をおこないますが、結局、民党の優勢を覆すことはできませんでした。

続いて成立した第2次**伊藤博文**内閣は、民党第一党の自由党と接近し、海軍の軍備拡張に成功します。しかし、立憲改進党などが、外交問題で政府を攻撃したため、政府と議会は、日清戦争直前の第6議会まで対立をくり返しました。

日清戦争はなぜ起きた？

1894（明治27）年、朝鮮では、東学《とうがく》の信徒を中心に農民反乱が起こります。彼らは、減税と排日を要求しました。この反乱を鎮めるため、朝鮮は清国に助けを求めます。朝鮮の要請を受けて清国が朝鮮半島に出兵すると、日本もこれに対抗して出兵しました。その結果、朝鮮半島で清国軍と日本軍が衝突し、**日清戦争**へと発展していきます。

開戦と同時に、民党は政府の批判を中止し、戦争関係の予算案、法律案をすべて可決します。このことも日本の戦局を有利にしました。日本軍は、清国軍を朝鮮から追い出すと、遼東半島《りょうとう》を占領し、清国の北洋《ほくよう》艦隊を黄海《こうかい》海戦で撃破します。

日清戦争は、日本の圧倒的な勝利に終わり、1895(明治28)年4月、**下関条約**が結ばれます。この条約で、清国は朝鮮を独立国家と認めることとなり、**遼東半島**、**台湾**などを日本に譲り渡し、賠償金2億両(当時の日本円で約3億1000万円)を日本に支払うことを約束しました。

しかし、遼東半島が日本のものになることを恐れたロシアは、フランス・ドイツとともに遼東半島の返還を日本に強要する**三国干渉**をおこないました。日本はこの圧力に屈して遼東半島を中国に返還しましたが、このことが日本の反露感情(これを「臥薪嘗胆《がしんしょうたん》」といいました)に火をつけることとなります。

豆知識

「眠れる獅子《しし》」は、眠ったままだった

西欧の列強諸国は、日清戦争まで中国の強大さや、潜在的な力量に対して畏《い》怖《ふ》の念を抱いていました。それを象徴する言葉が「眠れる獅子」です。

二千年以上にもわたって、大国を維持し、中華思想のもとにアジアの国々の

中心にあったことが大きな理由でした。しかし、日清戦争敗退後、そうした畏れは払拭《ふっしょく》され、中国における帝国主義的侵略（中国分割）が加速することになりました。

2 政党内閣の誕生、列強の中国分割の時期

1890年代後半

日本初の政党内閣

日清戦争が終わると、政府と政党の関係は大きく変化します。

自由党は第2次**伊藤博文**内閣を支持するようになり、政府の軍拡予算案を可決。1896（明治29）年成立した第2次松方正義内閣も、立憲改進党を中心に結成された進歩《しんぽ》党と手を組み、政府の軍拡予算案を可決させます。

しかし、軍拡路線に舵《かじ》を切った自由党は、総選挙で大きく議席を減らしてしまいました。すると、1898（明治31）年に成立した第3次**伊藤博文**内閣は、自由党との提携を解消。これに反発した自由党は、進歩党と合同して**憲政党**《けんせい》を結成します。衆議院の絶対多数を占める政党が誕生すると、伊藤内閣は退陣し、同年、憲政党の第1次**大隈重信**内閣が

成立しました。わが国初の政党内閣の誕生です。

ところが、もともと考え方の異なる自由党と進歩党が合同したことで、大隈内閣は、成立当初から内部対立が勃発します。尾崎行雄《おざきゆきお》文部大臣が問題発言で辞任すると、後任の文部大臣を誰にするかで対立は表面化します。ついに憲政党は、旧自由党系の憲政党と、旧進歩党系の憲政本党に分裂し、大隈内閣はわずか4か月で退陣することとなります。

続いて成立した第2次**山縣有朋**内閣は、憲政党の支持を取り付けます。山縣内閣は、1899(明治32)年、文官任用令を改正し、政党の力が官僚に及ばないようにしました。また、翌1900(明治33)年には軍部大臣現役武官制を定め、政党の力が軍部に及ばないようにします。さらに、治安警察法を公布することで、政治運動や労働運動の規制を強化したのです。

これらの動きを受け、これまで山縣内閣を支持していた憲政党は、内閣に批判的な態度を取るようになりました。そして1900(明治33)年、憲政党は当時山縣有朋と対抗していた**伊藤博文**を総裁とする**立憲政友会**《りっけんせいゆうかい》を結成し、第4次伊藤博文内閣を組織したのです。

しのびよるロシアの影

日清戦争に敗北した清国は、欧米の国々に重要都市を租借《そしゃく》されました。この時ロシアは三国干渉によって日本に返還させた遼東半島の**旅順《りょじゅん》・大連《だいれん》**を租借するのです。

これらの動きに反発した中国の民衆は義和団《ぎわだん》事件を起こします。清国政府もこれに同調して、欧米の国々に宣戦を布告、北清《ほくしん》事変を開始しますが、北清事変に清国は敗北。ロシアは満州《まんしゅう》を事実上支配することとなります。ロシアの脅威は、日本国内に反露感情を否が応でも高めていったのです。

3 『坂の上の雲』の舞台、日露戦争

1900年代前半　桂園時代（1）

桂と西園寺が火花を散らす

1901（明治34）年、第4次伊藤博文内閣が貴族院の抵抗にあって退陣すると、第1次**桂太郎《かつらたろう》**内閣が成立します。桂太郎は、山縣有朋の後継者で、軍部・官僚・貴族院を後ろ盾にします。一方の立憲政友会は、伊藤博文のあとを受けた**西園寺公望《さいおんじきんもち》**が中心となって桂太郎と対抗します。この政権対立の構図があった時代を桂園時代といいます。

第1次桂太郎内閣が退陣するのは、1905（明治38）年なので、1900年代前半は完全に桂太郎内閣の時期ということになります。

日露戦争の勃発

ロシアは遼東半島を租借し、満州を事実上占領しました。

満州は韓国と陸続きのため、韓国における権益を守りたい日本はロシアと対立することを余儀なくされます。桂太郎内閣はイギリスと同盟を組むことで、韓国での権益を守ろうと考え、1902（明治35）年、**日英同盟協約**を締結します。

一方で、日本はロシアと、戦争回避のための交渉を続けていましたが、1904（明治37）年に交渉は決裂、**日露《にちろ》戦争**が勃発します。アメリカやイギリスは、ロシアの満州支配に反対していたことから、日本を支援したため、日本は戦局を有利に展開します。1905（明治38）年には旅順を陥落。奉天《ほうてん》会戦でも勝利し、5月の**日本海海戦**では、日本の連合艦隊がロシアのバルチック艦隊を全滅させました。

同年9月、日本とロシアは講和条約に調印します。ポーツマス条約です。この条約によって、ロシアは、日本の韓国における指導・監督権を認め、ロシアが持っていた旅順・大連の租借権や、長春《ちょうしゅん》以南の鉄道の利権を日本に譲り、北緯50度以南の樺太《からふと》を日本に譲渡しました。

一方で、戦争のために大規模な増税をしたにもかかわらず、賠償金が取れなかったことに国民は不満を爆発させ、その一部は暴徒化する事態となりました。これを日比谷焼打《ひびややきう》ち事件といいます。

4 1900年代後半　桂園時代（2）

日韓併合の時期

桂と西園寺が交代で――桂園時代

1906（明治39）年には立憲政友会の**西園寺公望**が内閣を組織しますが、この内閣は、翌1907（明治40）年に起こった日露戦争の反動恐慌《きょうこう》により退陣し、再び桂太郎が政権を担当します。

第2次**桂太郎**内閣は、外交上は1910（明治43）年に日韓併合条約を締結します。同年に起こった**大逆《たいぎゃく》事件**では、**幸徳秋水《こうとくしゅうすい》**をはじめとする社会主義者らを大弾圧する一方で、翌1911（明治44）年には工場法を公布し、工場労働者の保護を図りました。そして同1911（明治44）年、再び西園寺公望に内閣を譲ります。

韓国を保護国化、そして日韓併合へ

日露戦争終結後の1905(明治38)年、日本は、アメリカと桂・タフト協定を結び、イギリスとは日英同盟協約を改定することで、米英の2大国に日本が韓国を保護国化することを認めさせます。その上で日本は、第2次日韓協約を結び、韓国の外交権を奪って、統監府《とうかんふ》を置くのです。

韓国皇帝は、1907(明治40)年、オランダのハーグで開かれた第2回万国平和会議にひそかに使いを送ってこれに抗議しますが、欧米《おうべい》諸国はこれを無視します。このできごとをきっかけに、日本は第3次日韓協約を結び、韓国の内政権を手に入れます。

1909(明治42)年、**伊藤博文**がハルビンで**安重根**《あんじゅうこん》に暗殺されると、日本は、ロシアやイギリスの了承を得て、1910(明治43)年に**日韓併合条約**を結び、韓国のすべての政務を統轄します。漢城は京城《けいじょう》と改称され、韓国の統治機関として**朝鮮総督府**《ちょうせんそうとくふ》が設置されました。

豆知識

日韓併合条約とは？

政府は、日本の安全と満州の権益を守るためには、韓国が安定することが必要であると考えました。日露戦争後、日本は韓国統監府《とうかんふ》を置いて保護国とし、ロシア・イギリス・アメリカといった大国もこれを承認しました。

1910（明治43）年、日本は武力を背景に韓国内の反発を抑えて韓国併合をおこないました。併合後に置かれた朝鮮総督府は、植民地政策として、朝鮮に鉄道を敷設し、灌漑《かんがい》施設を作り、植林事業や衛生事業もおこないました。また、学校も開設し、ハングル教育を導入するなど近代化を図りました。しかし、税の公正な賦課《ふか》を目的とした土地調査事業の結果、土地を失った農民も現れたため、そういった人たちを中心に反日運動が盛り上がりました。

第23講

大正時代――1912〜1926年

大正時代は、第一次世界大戦の前と後で2つに分けることができます。さらに、各時期はそれぞれ、左のように細かく分類できます。

●大正時代前半　第一次世界大戦の終結まで

1	大正政変の時期	1912〜14年	西園寺公望、桂太郎、山本権兵衛内閣
2	第一次世界大戦の時期	1914〜18年	大隈重信、寺内正毅、原敬内閣

●大正時代後半　第一次世界大戦終結以降

3	ワシントン体制の成立	1918〜22年	原敬、高橋是清内閣
4	関東大震災の時期	1922〜23年	加藤友三郎、山本権兵衛内閣
5	護憲運動の時期	1924〜26年	清浦奎吾、加藤高明内閣

各時期で内閣総理大臣は2人ずつとなっています。大正政変の時期は3人ですが、うち2人は、明治時代に桂園時代として紹介した西園寺と桂が交互に組閣して

いるので、頭に入れやすいでしょう。この講では、各内閣の動きを軸に、それぞれの時期をみていきましょう。

1 国内でひろがる暗雲

大正政変の時期（1912〜14年）

軍部の反抗で総辞職――西園寺公望内閣（1911年8月〜1912年12月）

1911年、中国で辛亥革命《しんがいかくめい》が起こり、清王朝が滅びました。そして翌1912年中華民国《ちゅうかみんこく》が建国されます。陸軍はこれを大陸進出のチャンスと考え、大規模な軍備拡張を迫りますが、当時は、日露戦争後の財政難が依然として続いていたため、第2次西園寺公望内閣は、予算が捻出できないことなどを理由に、この要求を拒否します。

これに憤った陸軍は、上原勇作《うえはらゆうさく》陸軍大臣を辞任させ、新しい陸軍大臣を出さない方針をとります。当時は、軍部大臣現役武官制により、陸軍大臣は陸軍から選ばなければなりませんでした。西園寺内閣は、陸軍大臣が欠けた状態となり、内閣を続けることができなくなり、総辞職に追い込まれてしまいます。

民衆の怒り、護憲運動へ――桂太郎内閣（1912年12月〜1913年2月）

続いて、長州閥のドンであった桂太郎が第3次桂太郎内閣を組織すると、立憲国民党の犬養毅《いぬかいつよし》と立憲政友会の尾崎行雄《おざきゆきお》が、藩閥《はんばつ》による独裁政治の打破と、憲法にもとづいた政治を守るべきであると掲げ、**第一次護憲運動**を起こします。護憲運動は、またたく間に全国に広がっていきました。

1913（大正2）年、とうとう民衆が議会を包囲する事態となったため、桂内閣は在職わずか50日余りで退陣を余儀なくされました。

シーメンス事件で総辞職――山本権兵衛内閣（1913年2月〜1914年4月）

桂の後は、薩摩出身の海軍大将である山本権兵衛《やまもとごんべえ》が内閣を組織しました。山本内閣は、護憲運動をおこなっていた立憲政友会を与党としていたため、政党の影響力の拡大につとめます。

しかし、1914（大正3）年、シーメンス事件と呼ばれる外国製の軍艦や兵器の輸入をめぐる海軍高官の汚職事件が発覚し、山本内閣は総辞職しました。

豆知識

黒い金――シーメンス事件

シーメンス事件は、第31帝国議会の開会中に外電による大々的な新聞報道で暴露されました。事件の経過・性格ともにロッキード事件に比されます。ドイツの兵器会社シーメンス社から沢崎寛猛《さわざきのりたけ》海軍大佐らへの贈賄が発端となり、戦艦「金剛《こんごう》」の建造にかかわり、輸入代理店であった三井物産が発注先のビッカース社から得たコミッションの3分の1にあたる約40万円を当時海軍艦政本部長で、次期海軍大臣と目されていた松本和《かず》中将へわたしていました。三井物産は軍艦発注時に、海軍高官に発注工作をしていたことがすべて白日《はくじつ》の下《もと》にさらされたのです。

2 日英同盟を根拠に中国に出兵

第一次世界大戦の時期（1914〜18年）

第2次大隈重信内閣（1914年4月〜1916年10月）

1914（大正3）年、山本内閣が倒れると、第2次**大隈重信**内閣が成立します。民衆に人気があったことが、その起用理由でした。

1914年6月、**第一次世界大戦**がはじまります。イギリスがドイツに宣戦すると、第2次大隈内閣もまた、日英同盟を理由にドイツに宣戦します。日本は、ドイツが拠点としていた青島《チンタオ》と山東省《さんとう》を手に入れ、翌1915(大正4)年には、中国に**二十一カ条の要求**をつきつけ、その大部分を承認させました。

豆知識

この頃、首相は誰が決めた???

現在と同じように、戦前も首相任命権は天皇にありました。しかし、天皇自らの意志で首相が決められていたのではなく、実際は元老《げんろう》と呼ばれる人々が首相を選び、天皇に推薦する形がとられていました(ちなみに、現在は国会の議決で指名された首相を、天皇が任命する形になっています)。

元老とは明治時代の首相経験者(黒田清隆・伊藤博文・松方正義・山縣有朋・桂太郎・西園寺公望)に、陸軍のドンである大山巌《おおやまいわお》、海軍のドンである西郷従道《つぐみち》、そして外交のドンである井上馨の9人からなります。

ちなみに大隈重信は、明治時代の首相経験者ですが、元老ではありません。

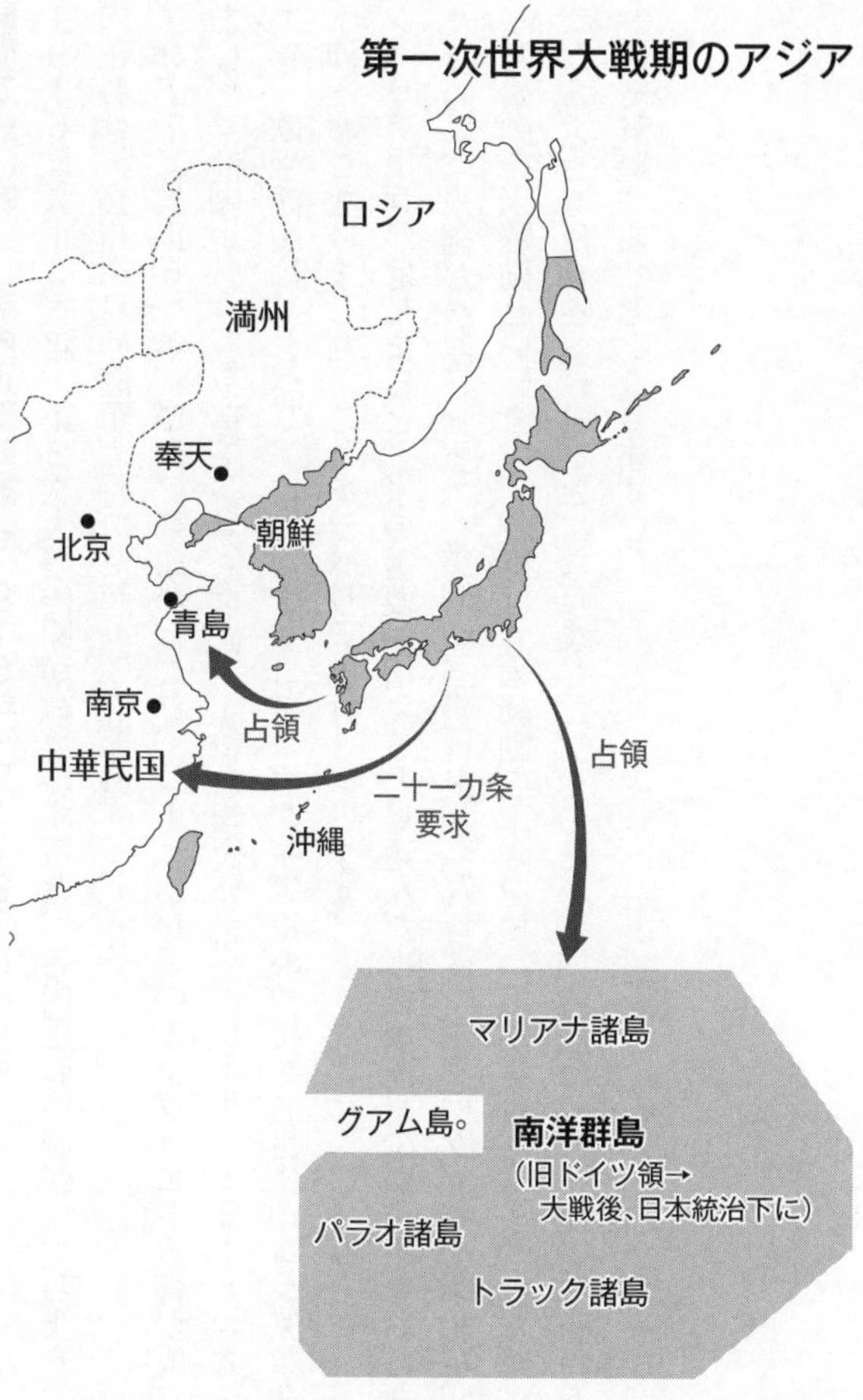
第一次世界大戦期のアジア
ロシア
満州
奉天
北京
朝鮮
青島
南京
占領
中華民国
二十一カ条
要求
沖縄
占領
マリアナ諸島
グアム島
南洋群島
(旧ドイツ領→
大戦後、日本統治下に)
パラオ諸島
トラック諸島

寺内正毅内閣（1916年10月～1918年9月）米騒動で総辞職

1916（大正5）年、第2次大隈内閣が総辞職すると、**寺内正毅**《てらうちまさたけ》内閣が成立します。寺内正毅は、長州出身の陸軍大将で、超然《ちょうぜん》主義を唱えました。

1917（大正6）年、**ロシア革命**が起こり、レーニンが率いるソヴィエト政権が成立しました。世界初の社会主義国家の誕生を、欧米諸国は危険視します。1918（大正7）年、欧米諸国は、シベリアにいたチェコスロヴァキア軍の救援を名目に、ロシア革命の干渉をおこないました。これを**シベリア出兵**といいます。

シベリア出兵がはじまると、米の需要が増えると見込んだ投機家が米の買占めをおこなったために、米価が急騰《きゅうとう》します。米価の急騰に反発した民衆が、米の安売りを求めて起こした暴動を**米騒動**といいます。政府は、米騒動を軍隊を使って鎮圧してしまったため、民衆から大きな反発を受けることになりました。そのため寺内内閣は、この騒動の責任をとって総辞職することとなります。

3 ワシントン体制の成立（1918〜22年）
第一次世界大戦の終結

刺殺された「平民宰相」――原敬内閣（1918年9月〜1921年11月）

米騒動のような民衆暴動を恐れた政府は、1918（大正7）年、政党内閣である立憲政友会の原敬《はらたかし》内閣を成立させます。原敬は、今までの首相とは違い、平民出身でしかも衆議院議員だったため、「平民宰相《さいしょう》」と呼ばれ、国民からの期待を受けました。

1918年11月、第一次世界大戦が休戦、翌1919年にはパリ講和会議が開かれ、ヴェルサイユ条約が調印されます。この条約で、日本は、山東半島の旧ドイツ権益を正式に手に入れます。しかし、これに反発した中国国内では、**五・四運動**と呼ばれる反日運動が起こります。一方、朝鮮では民族独立を求めた人々が、**三・一独立運動**を起こします。翌1920（大正9）年には、国際紛争を平和的に解決するための機関として**国際連盟**が設立されました。

当時の日本は、大戦景気と呼ばれる第一次世界大戦による好景気のまっただ中だったため、原敬内閣は国民の支持を集めていました。しかし、終戦によって1920（大正9）年、好景気が一転、恐慌《きょうこう》に陥るのです。さらに、政友会による汚職事件も発覚。それらに憤激《ふんげき》した一青年より、翌1921（大正10）年、原敬は刺殺されてしまいます。

「居抜き内閣」で軍縮――高橋是清内閣（1921年11月〜1922年6月）

次の内閣は、原に代わって立憲政友会総裁となった高橋是清《たかはしこれきよ》が組織します。この内閣は、すべての閣僚が原敬内閣と同一だったため、「居抜き内閣」と呼ばれます。

1921年には、海軍の軍縮と極東問題を審議するための**ワシントン会議**が開催されます。この会議は、東アジアにおける日本の膨張を抑えることが主な目的でした。世界平和の名の下で、日本の軍事力は、アメリカ・イギリスに対峙《たいじ》できないほど削減されることとなるのです。

4 関東大震災の時期（1922〜23年）
非常時に起こった大災害

1年弱の超短期内閣――加藤友三郎内閣（1922年6月〜1923年9月）

1922（大正11）年、加藤友三郎《ともさぶろう》内閣が成立します。内閣は、翌1923（大正12）年8月25日、加藤が急死したため、外務大臣の内田康哉《こうさい》が臨時総理となりました。首相不在の中で**関東大震災**が起こるのです。

震災恐慌起こる——第2次山本権兵衛内閣（1923年9月～1924年1月）

関東大震災の翌日、第2次山本権兵衛内閣が組閣されましたが、この大震災によって、経済界は大きな打撃を受け、恐慌状態となります。これを震災恐慌といいます。

5 普通選挙法の制定と治安維持法

護憲運動の時期（1924～26年）

第二次護憲運動で総辞職——清浦奎吾内閣（1924年1月～6月）

1924（大正13）年、清浦奎吾《きようらけいご》が超然内閣を組織しました。これに対して、憲政会・立憲政友会・革新倶楽部《クラブ》の護憲三派は、第二次護憲運動を起こします。護憲三派は、総選挙で圧勝し、清浦内閣は総辞職します。

「アメとムチ」の2法を成立させる——加藤高明内閣（1924年6月～1926年1月）

第2次護憲運動の結果、憲政会の**加藤高明**《かとうたかあき》が護憲三派による連立内閣を組織します。

加藤内閣は、1925（大正14）年、**普通選挙法**を成立させ、満25歳以上の男性が衆議院議員の選挙権を持つようになりました。加藤内閣は一方で、**治安維持法**を定め、共産主義者の活動を厳しく取り締まりました。

1925（大正14）年、護憲三派の一角である立憲政友会が革新倶楽部を吸収したことで、護憲三派の提携はこわれてしまいます。

さらに、1926（大正15）年に加藤が病死すると、加藤高明内閣は総辞職し、若槻礼次郎内閣が成立します。

豆知識

関東大震災

関東大震災は、神奈川県相模《さがみ》北西沖を震源としたマグニチュード7・9の大地震です。190万人が被災し、10万5千人余が死亡あるいは行方不明になりました。建物被害は全壊が10万9千余、全焼が20万2千余です。

被害の中心は、東京というよりは、震源の神奈川県内で、震動による建物の倒壊のほか、液状化による地盤沈下、崖崩《がけくず》れ、津波による被害が発生しました。

死者の多くは、地震の揺れによる建物倒壊などの圧死ではなく、火災による死傷者でした。火災は地震発生時の強風に煽《あお》られ、両国《りょうごく》で起こった火災は、火災旋風《せんぷう》と呼ばれる炎の竜巻を引き起こしながら2日間も燃え続けました。また、地震以後も気象観測を続けた中央気象台の温度計は火災により最高気温46・4度を観測しました。

また、相模湾沿岸部と房総《ぼうそう》半島沿岸部では高さ10m以上の津波が記録されました。

第24講 昭和時代——1926～1945年

昭和時代は、戦前と戦後で大きく分かれます。本書では、終戦までを扱いますので、大きく分けた戦前の部分についてお話ししていきましょう。昭和の前期は、左のように5年ごとに細かく区分するとわかりやすくなります。

●1920年代後半　恐慌の時代（1926～30年）

1 金融恐慌の時期　若槻礼次郎内閣、田中義一内閣

2 昭和恐慌の時期　浜口雄幸内閣

●1930年代前半　満州事変の時代（1931～36年）

1 政党内閣の崩壊　若槻礼次郎内閣、犬養毅内閣

2 国際社会からの孤立　斎藤實内閣、岡田啓介内閣

3 枢軸陣営の形成　広田弘毅内閣、林銑十郎内閣

●1930年代後半　日中戦争の時代（1937～40年）

1 日中戦争　近衛文麿内閣、平沼騏一郎内閣

2 第二次世界大戦　阿部信行内閣、米内光政内閣

3 南進・そして泥沼へ　近衛文麿内閣

●1940年代前半　太平洋戦争の時代（1941〜45年）

1 太平洋戦争の時代　東條英機、小磯國昭、鈴木貫太郎内閣

それでは、各時期をみていきましょう。

1 しのびよる経済危機
金融恐慌の時期（若槻礼次郎内閣、田中義一内閣）

若槻礼次郎内閣（1926年1月〜1927年4月）

1926（大正15）年末、大正天皇が亡くなり、昭和《しょうわ》天皇が即位します。日本経済は、関東大震災で大きな打撃を受けていました。銀行は、決済不能の手形を多くかかえ、苦しい経営を強いられていました。

1927（昭和2）年、片岡直温《かたおかなおはる》大蔵大臣の失言によって、一部の銀行が危機的な経営状態にあることが判明します。その結果、自分の預金をおろそうとする人々が銀行に押し

かける取り付け騒ぎが起こります。これ以上預金の払い出しができなくなってしまう銀行が続出するのです。それらの銀行が次々と休業し、**金融恐慌**となるのです。

若槻内閣は、巨額の不良債権をかかえていた台湾銀行を天皇命令（緊急勅令）によって救済しようとしますが失敗し、総辞職します。

田中義一内閣（1927年4月〜1929年7月）

1927（昭和2）年4月、立憲政友会の田中義一《たなかぎいち》内閣が成立します。田中内閣は、モラトリアムを出し、銀行の預金をおろせないようにした上で、日本銀行に巨額の救済融資をおこなわせ、金融恐慌を沈静化させます。

当時、中国では各地に軍閥がおこって、さながら戦国時代のようになりました。中華民国国民革命軍は、中国の統一を目指して北上をはじめます。これを北伐《ほくばつ》といいます。

田中内閣は、満州軍閥で親日派でもあった張作霖《ちょうさくりん》の支援を決定。北伐を阻止するため、1927（昭和2）年から翌年にかけて**山東出兵**を実施します。

しかし、張作霖が国民革命軍に敗北すると、関東軍の中に張作霖を殺して満州を直接支配しようという考えが台頭してきました。1928（昭和3）年、関東軍は独断で張作霖を列車ごと爆破して殺害して満州を支配しようとしますが失敗してしまいます。失敗を隠そうとした関東軍は、事件の真相を国民に知らせず、満州某重大事件として処理しようとしましたが、このことが昭和天皇の怒りをかい、翌1929（昭和4）年、田中内閣は総辞職を余儀なくされました。

その後、殺された張作霖の子の張学良《がくりょう》が、張作霖の後継者となります。張学良は、国民革命軍と手を組んだため、国民革命軍による中国統一が完成し、日本の満州における影響力は大きく後退することとなります。

2 昭和恐慌の時期（浜口雄幸内閣）
世界を覆う大恐慌

浜口雄幸内閣（1929年7月〜1931年4月）

1929（昭和4）年、立憲民政党《みんせい》の浜口雄幸《はまぐちおさち》内閣が成立します。立憲民政党は、憲政会が政友本党と合同して結成された政党です。

浜口内閣は、前日銀総裁の井上準之助《じゅんのすけ》を大蔵大臣に起用し、国際競争力を強化しようとします。そして、財界の声に押される形で、1930（昭和5）年1月、**金解禁**を断行し、日本を金本位制に戻すのです。金本位制に戻すことは、すなわち円の切り上げを意味

農業収入の変化（『岩波講座日本歴史』より作成）

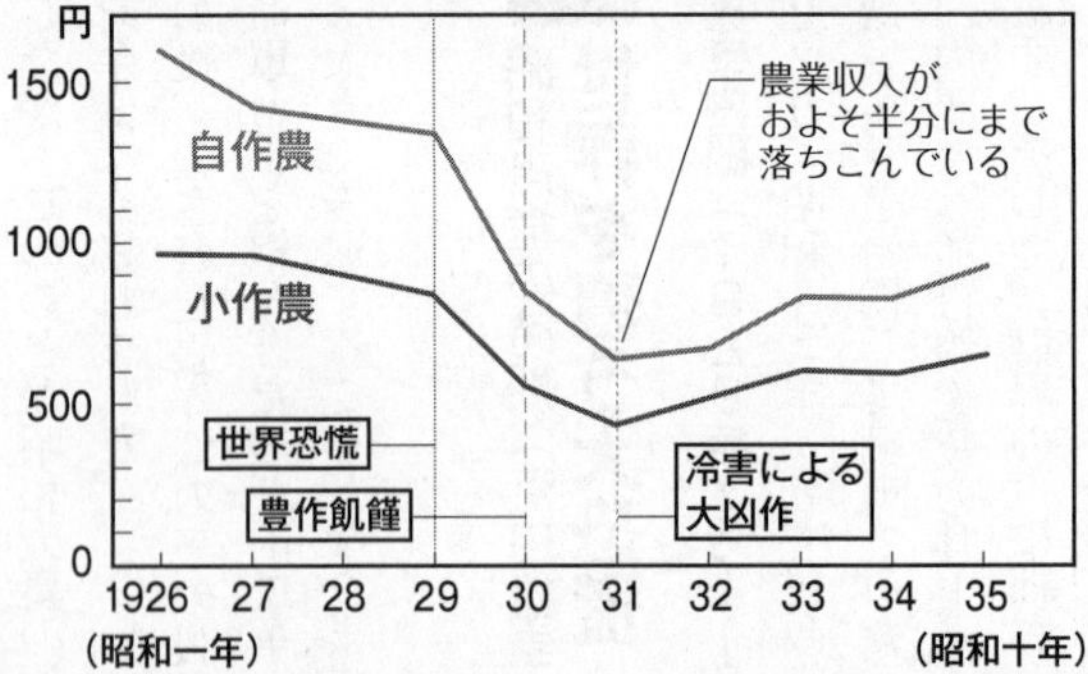

したことから、一時的に不景気となることが予想されましたが、日本が国際競争力を強化するためには、貨幣制度の健全化が必須であると考えたのです。

しかし、前年のニューヨークのウォール街で起こった株価暴落が**世界恐慌**に発展したため、日本経済は金解禁による不況と、世界恐慌による不況で、二重の打撃を受けることとなり、**昭和恐慌**という大恐慌が引き起こされてしまいます。

昭和恐慌の結果、輸出は大きく減少します。企業の倒産が相次ぎ、街には失業者があふれる事態となりました。

昭和恐慌の影響は農村にも直撃します。米をはじめとした農産物価格が暴落した上に、世界恐慌によって、アメリカへの生糸輸出が激減したのです。農村は困窮し、欠食児童や女子の身売りが続出しました。日本は深刻な不景気に見舞われることとなりますが、一方で、このことが日本を大陸進出へと導く大きな引きがねとなっていったのです。

浜口内閣は、1930（昭和5）年、**ロンドン海軍軍縮条約**に調印します。これは、海軍軍令部長の反対を押し切ったものでした。これに対して、「海軍軍令部長の意向に従わない軍縮条約の調印は、天皇の持つ軍隊指揮権にあたる統帥《とうすい》権の干犯《かんぱん》である」という非難が巻き起こり、浜口首相が東京駅で狙撃《そげき》されて重傷を負うという事態に発展します。浜口首相は、翌1931（昭和6）年、内閣を退陣し、まもなく死亡しました。浜口の退陣後は、同じ立憲民政党の若槻礼次郎が組閣します。

3 関東軍の暴走と満州国の建国

政党内閣の崩壊（若槻礼次郎内閣、犬養毅内閣）

第2次若槻礼次郎内閣（1931年4月～12月）

この頃関東軍は、中国の影響力が満州におよぶことを武力によって阻止し、満州を日本の勢力下に置くべきであると考えていました。そこで、関東軍は石原莞爾《いしはらかんじ》を中心に、19

31年9月18日、奉天郊外の**柳条湖**《りゅうじょうこ》で南満州鉄道の線路を爆破し、これを中国軍のしわざであるとして軍事行動を開始します。**満州事変**のはじまりです。

若槻内閣は、満州事変に対して不拡大方針を声明しましたが、世論やマスコミは関東軍を支持しました。そのため、事態を収拾できない若槻内閣は総辞職しました。

犬養毅内閣（1931年12月〜1932年5月）

1931（昭和6）年12月に成立した立憲政友会の**犬養毅**内閣は、高橋是清を大蔵大臣に起用し、**金輸出再禁止**を断行。金本位制から離れました。この結果、上がっていた円相場が大幅に下落したため、輸出が拡大し、日本は空前の好景気に沸《わ》き返ることとなります。

1932（昭和7）年になると、関東軍は満州の主要地域をほぼ占領し、清朝最後の皇帝である**溥儀**《ふぎ》に、**満州国**の建国を宣言させました。しかし、犬養内閣は、満州国建国には反対の立場を取っていました。

この頃、陸海軍の青年将校や民間の右翼運動家の中には、現在の支配者層を倒して、軍中心の強力な内閣を作るべきであるという考えが盛り上がるようになりました。1932（昭和7）年には、井上日召《にっしょう》率いる血盟団《けつめいだん》が、井上準之助前蔵相と団琢磨《だんたくま》三井合名会社理事長を暗殺する事件が起こります。

そして、同年5月15日、海軍青年将校たちが犬養毅首相を射殺する**五・一五事件**が起こり、ここに政党内閣の時代は終わりを告げることとなるのです。

豆知識

皇弟愛新覚羅溥傑《あいしんかくらふけつ》と日本

愛新覚羅溥傑は、皇帝溥儀の弟でした。学習院高等科を卒業後、陸軍士官学校に入学します。陸軍士官学校卒業後は、満州国陸軍に入隊します。溥傑は、兄の溥儀の意向で侯爵の娘で、昭和天皇の遠縁にあたる浩《ひろ》との縁談がまとめられました。政略結婚ではありましたが、夫婦仲はよく、2人の娘をもうけましたが、戦後、戦犯となった溥傑は浩と引き裂かれました。しかし、死の直前再会を果たしました。

4 国際社会からの孤立（斎藤實内閣、岡田啓介内閣）
国内外をつつむ不穏な空気

斎藤實内閣（1932年5月～1934年7月）

五・一五事件の後、首相となったのは、海軍大将で穏健派の斎藤實《まこと》でした。

1932（昭和7）年9月、斎藤内閣は日満議定書を交換し、満州国を承認しました。これに対して国際連盟は、1933（昭和8）年の臨時総会で、満州国を日本の傀儡《かいらい》国家であるとして、満州国の承認を撤回するよう求めました。これに対して、日本全権代表**松岡洋右《ようすけ》**は、総会の場から退場。**国際連盟の脱退**を通告したのです。

1933（昭和8）年5月、日本は塘沽《たんくう》停戦協定によって満州事変を終わらせると、1934（昭和9）年、満州国を帝政に移行させ、国際社会からの孤立を加速化させます。

岡田啓介内閣（1934年7月～1936年3月）

1934（昭和9）年、同じく海軍穏健派の岡田啓介《けいすけ》が首相となります。

1935（昭和10）年になると、貴族院議員の菊池武夫《きくちたけお》が、「**美濃部達吉《みのべたつきち》**の**天皇機関説**という憲法学説が反国体的である」と非難します。この批判は政府をも動かすこととなり、ついには岡田内閣が国体明徴《こくたいめいちょう》声明を出して天皇機関説を否認するという事態にまで発展しました。

この頃、陸軍の内部では、青年将校を中心に、直接行動によって天皇親政を実現しようとする**皇道派**《こうどう》と、官僚や財閥と手を組むことで、国家が一致団結して戦争を遂行する体制を作ろうと考える**統制派**《とうせい》が対立していました。

そして、1936(昭和11)年2月26日、皇道派の青年将校が、首相官邸《かんてい》や警視庁を襲う**二・二六事件**が勃発したのです。青年将校たちは「昭和維新」を叫《さけ》び、斎藤實内大臣・高橋是清大蔵大臣らを殺害し、国会などを占拠しました。しかし、天皇が彼ら青年将校に厳罰を処すよう指示したため、この反乱は鎮圧され、以降は統制派が陸軍の主導権を握るようになったのです。

5 世界を巻き込む戦争の序曲

枢軸陣営の形成(広田弘毅内閣、林銑十郎内閣)

広田弘毅内閣(1936年3月~1937年2月)

1936(昭和11)年、広田弘毅《こうき》が内閣総理大臣に就任しました。広田は、軍の要求を受け入れる形で内閣を組織します。

同1936（昭和11）年には、ロンドン海軍軍縮条約とワシントン海軍軍縮条約が失効し、日本は国際社会から完全に孤立する形となりました。内閣は、ソ連を中心とした国際的な共産主義運動に対抗するため、当時日本と同様に孤立を深めていたドイツと**日独防共協定**を結びます。翌年、イタリアも同協定に参加し、国際的孤立を深めていた日本・ドイツ・イタリアの3か国は、ここに**枢軸**《すうじく》陣営を形成したのです。

広田内閣は「国策の基準」を出し、南方への進出方針を決定するとともに、大規模な軍備拡張計画を推進します。これらの方針を決定したことは、広田弘毅が戦後、文官で唯一A級戦犯として死刑判決を受ける原因となりました。

広田内閣は、さらなる軍拡を求める軍と、大規模な軍備拡張に反対する政党との板挟みとなり、1937（昭和12）年1月に総辞職します。

続いて組閣の命令が下ったのは、陸軍の穏健派である宇垣一成《うがきかずしげ》でした。しかし、これに反発した陸軍が陸軍大臣を推薦《すいせん》しなかったため、宇垣は陸軍大臣が決まらないため組閣できないという前代未聞の事態に陥り、組閣を断念します。

林銑十郎内閣（1937年2月〜6月）

1937（昭和12）年、陸軍大将で陸軍統制派の林銑十郎《せんじゅうろう》が組閣します。この内閣は、軍部と財界との調整を図る軍財抱合をおこないました。しかし国民は、これを軍部と財界の癒着《ゆちゃく》ととらえ、林内閣は、総選挙で大敗してしまいました。

豆知識

石原莞爾の『世界最終戦論』

石原莞爾は、関東軍の参謀で満州事変を引き起こした人物として、マイナスのイメージでとらえられています。しかし実際は、満州地域に五族協和つまり、日本、満州、漢、朝鮮、モンゴルの五民族による独立国家を建設することによって、ソ連の南下を阻止してアジアの平和を守ろうとした人物です。

彼の唱えた『世界最終戦論』は、最終的に世界は、東洋の盟主である日本と、西洋の盟主であるアメリカが残り、両者が世界の覇者をめぐって最終戦を繰り広げる。そのためには満州国の建国は必須であると考えたのです。

6 日中戦争（近衛文麿内閣、平沼騏一郎内閣）
破滅への序曲

近衛文麿内閣（1937年6月～1939年1月）

第1次近衛文麿《このえふみまろ》内閣が成立した翌月の1937（昭和12）年7月7日、北京《ペキン》郊外の**盧溝**《ろこう》**橋**《きょう》で日中両軍の衝突事件をきっかけに、**日中戦争**が勃発《ぼっぱつ》します。

翌8月には、日本軍は上海《シャンハイ》を占領。9月になると中国国民政府が中国共産党と提携する国共合作をおこなったことで、この争いは全面戦争へと発展します。12月、日本軍は、国民政府の首都**南京**《ナンキン》を占領します。しかし、国民政府は中国内陸部の重慶《じゅうけい》に移り、徹底抗戦を貫いたため、日中戦争は泥沼化していきました。

1938（昭和13）年には、近衛首相が「国民政府を対手《あいて》とせず」と声明し、国民政府との和平の道を自ら断ち切りました。さらに、戦争の目的は日本・満州・中華民国の3か国連帯による東亜《とうあ》新秩序の建設にあると述べました。つまり、この戦争は、アジアを1つにまとめるための戦争であると主張したのです。

一方で、陸軍は、ソ連との緊張を高め、1938（昭和13）年には、ソ連と満州国の国境不明確地帯でソ連軍と衝突する張《ちょう》鼓《こ》峰《ほう》事件を起こしました。

平沼騏一郎内閣（1939年1月〜8月）

1939（昭和14）年1月、枢密院《すうみつ》議長であった平沼騏一郎《ひらぬまきいちろう》が組閣します。5月には、満州国とモンゴルの国境地帯で、ソ連・モンゴルの連合軍との軍事衝突が勃発。日本はドイツ・イタリアとの防共協定を楯に戦いますが、8月、ドイツが突然ソ連と不可侵条約を結んでしまいます。つまり、この軍事衝突が戦争に拡大しても、ドイツは不可侵条約がある以上、日本側につくことができなくなるのです。

平沼首相は「欧州情勢は複雑怪奇《かいき》」との言葉を残して総辞職してしまいます。

7 第二次世界大戦（阿部信行内閣、米内光政内閣）

資源を求めて迷走

阿部信行内閣（1939年8月〜1940年1月）

1939年9月1日、ドイツがポーランド侵攻を開始すると、9月3日、イギリス・フランスはドイツに宣戦布告し、**第二次世界大戦**がはじまりました。当時の阿部《あべ》信行《のぶゆき》内閣は、第二次世界大戦に対して不介入方針をとりました。

米内光政内閣（1940年1月〜6月）

続いて成立するのが、海軍大将の米内《よない》光政《みつまさ》内閣です。米内内閣も阿部内閣同様、第二次世界大戦に対して不介入方針をとります。

1940年1月には、日米通商航海条約が失効します。これは、ドイツと軍事同盟を結ぼうとしている日本にアメリカが反発したためでした。条約の失効により、日本は石油や鉄鋼などの軍需資材の輸入が極めて困難になります。追い詰められた日本は南方進出へと舵を取ることを余儀なくされるのです。

日本は、国民政府の要人であった汪兆銘《おうちょうめい》を重慶から脱出させ、南京に親日の新国民政府を樹立させました。アメリカやイギリスは新国民政府を支持せず、重慶にある国民政府を支持し、援蔣《えんしょう》ルートと呼ばれる物資供給路を通じて援助物資を送っていました。このことも、日本の南方への進出を決断させることとなりました。

1940（昭和15）年6月、近衛文麿《このえふみまろ》を中心として**新体制運動**が起こります。これは、ドイツのナチ党やイタリアのファシスト党のような強力な一大政党を樹立することで、全国民を戦争へ協力できる体制を整えようとするものでした。軍部は、近衛を首相に立てるため、米内内閣を退陣に追い込んだのです。

豆知識

「バスに乗り遅れるな！」

近衛文麿《このえふみまろ》は、新体制こそ世界的潮流と認識しました。近衛は、世界が「ソ連」、「ドイツ・イタリア」、「アメリカ」、「大日本帝国」の4大勢力により分割支配されるだろうと予想しました。

日本国内では、「バスに乗り遅れるな」というスローガンで喧伝《けんでん》されました。時流に取り残されることを恐れる考えと、新体制こそ諸問題を解決する手段であると期待するようになったのです。一握りの企業と、一部の官僚と利権者が、マスコミと軍部の力を利用して泥沼の戦争に突入したという過去は、決して過去のものとしてとらえるべきでないと考えます。

8 南進・そして泥沼へ（近衛文麿内閣）
ABCD包囲網

第2次近衛文麿内閣（1940年7月〜1941年7月）

1940（昭和15）年7月、第2次**近衛文麿**内閣が成立します。近衛内閣は、従来の第二次世界大戦への不介入方針を転換し、ドイツ・イタリア・ソ連と提携しながら、積極的に南方進出をおこなっていくことを決定します。

同1940（昭和15）年9月、日本軍は北部仏印《ふついん》（ベトナム北部）に進駐《しんちゅう》します。これには、援蒋ルートを断ち切る目的がありました。そして同月、**日独伊三国同盟**を締結します。これはアメリカを仮想敵国とした軍事同盟でした。

これらの動きに対してアメリカは、ガソリンやくず鉄といった軍需物資の日本への輸出を禁止し、日本への経済制裁を強めます。近衛内閣は、アメリカとの衝突を避けるために日米交渉をはじめます。

10月には、**大政翼賛会**《たいせいよくさん》が誕生します。総裁を総理大臣、支部長を道府県知事とし、国内のあらゆる組織を下部組織に置いた一大統制機関ができるわけです。

1941（昭和16）年4月、松岡洋右外務大臣が、**日ソ中立条約**を結びました。ソ連との戦争を回避することによって、アメリカに対して強硬な姿勢をとろうと松岡は考えたのです。しかし、近衛内閣は日米交渉の継続を強く望んでいたため、松岡を外務大臣からはずす目的で、いったん内閣を総辞職しました。

第3次近衛文麿内閣（1941年7月～10月）

第3次近衛内閣が成立した1941（昭和16）年7月、日本軍は南部仏印（ベトナム南部）に進駐しました。これに対してアメリカは、アメリカにある日本の資産を凍結するとともに、日本への石油輸出を禁止しました。アメリカは、イギリス・中国・オランダとも手を組み「ABCD包囲陣」と呼ばれる経済封鎖網《ふうさもう》を構築します。

軍部は、アメリカの経済封鎖に対抗する手段は戦争しかないと主張します。9月6日の御前《ごぜん》会議では、日米交渉の期限を10月上旬として、それまでに交渉がまとまらなければアメリカと開戦するという帝国国策遂行要領を決定しました。その後も、日米交渉は暗礁《あんしょう》に乗り上げたまま期限の10月を迎えます。

日米交渉の継続を求める近衛首相と、交渉を打ち切って開戦すべきであると主張する東《とう》條英機《じょうひでき》陸軍大臣が対立したことで、10月16日、近衛内閣は総辞職します。

9 大東亜共栄圏という名の幻想

太平洋戦争の時代（東條英機、小磯國昭、鈴木貫太郎内閣）

東條英機内閣（1941年10月〜1944年7月）

1941（昭和16）10月、**東條英機**内閣が成立します。東條を首相に推薦した木戸幸一《きどこういち》内大臣が、日米交渉を当面継続することを条件に東條を首相に推薦したため、東條内閣は日米交渉を継続させます。

しかし、11月26日、アメリカは突然、日本に対して満州事変以前の状態に戻ることを要求した最後通牒《つうちょう》を発します。これを**ハル＝ノート**といいます。「中国、仏印から全面撤退し、満州国や南京に樹立した国民政府を否認し、日独伊三国同盟を白紙撤回しろ」というもので、ある意味、戦わずしてアメリカに無条件降伏しろといった内容を意味するものでした。追い詰められた政府は、12月1日の御前会議で、アメリカ・イギリスに対する開戦を決定します。

12月8日、陸軍はイギリス領のマレー半島に奇襲上陸し、海軍はハワイ真珠湾《しんじゅわん》を奇襲攻撃。日本はアメリカ・イギリスに宣戦布告し、**大東亜《だいとうあ》戦争**（**太平洋戦争**）がはじまったのです。

日本軍は、開戦からわずか半年で、イギリス領のマレー半島・シンガポール・香港・ビルマ（ミャンマー）、オランダ領の東インド（インドネシア）、アメリカ領のフィリピンを制圧します。

日本は、大東亜戦争の目的として、欧米の植民地支配からアジアを解放し、「**大東亜共栄圏**《きょうえいけん》」つまりは、日本を中心に欧米の植民地支配のない強くて平和なアジアを建設していこうと叫びます。国民の多くも、この言葉を信じ、大東亜戦争を正義のための戦い「**聖戦**」であると位置づけます。

1942（昭和17）年4月、東條内閣は、5年ぶりの総選挙を実施しました。これを翼賛選挙といいます。この選挙では、大政翼賛会が推薦候補を立てます。結果は、この推薦候補が絶対多数を獲得。議会は政府提案に承認を与えるだけの機関となってしまいます。

日本が緒戦で勝利を続けたのは、ヨーロッパ諸国が、ドイツを倒すことを最優先と考えていたためでした。そのため、最初に反撃してきたのは、ドイツとの戦闘の影響が比較的少ないアメリカでした。

1942(昭和17)年6月の**ミッドウェー海戦**において、日本側は主力空母4隻などを失う大敗北を喫《きっ》し、制海権と制空権を急速に失っていきます。このことは、南方から軍需生産に不可欠な鉄鉱石・石炭・石油などの物資を輸送することが困難になることを意味します。このため、戦局は日本に大きく不利な状況となり、アメリカの猛反撃がはじまるのです。

1943(昭和18)年11月、東條内閣は、占領地域の戦争協力体制を固めるため、満州国、南京の汪兆銘《おうちょうめい》政権、タイ、ビルマ、自由インド、フィリピンなどの代表者を東京に集めて大東亜会議を開き、「大東亜共栄圏」の結束を再確認します。

しかし、1944(昭和19)年7月、絶対国防圏の一角であるマリアナ諸島のサイパン島がアメリカの手に陥落《かんらく》。このことは、アメリカが日本本土を爆撃できるようになったことを意味します。

東條内閣は、**サイパン陥落**の責任を取って総辞職します。

小磯國昭内閣(1944年7月~1945年4月)

東條内閣が倒れると、陸軍大将の小磯國昭《こいそくにあき》が、海軍大将の米内光政の協力のもとで内閣を組織します。

サイパン島の陥落により、サイパンを起点とした米軍機による**本土空襲**がはじまりました。アメリカは、国民の戦意喪失を狙って都市を焼《しょう》夷弾《いだん》で無差別爆撃する作戦に出たのです。

1945（昭和20）年3月10日の**東京大空襲**では、300機ほどのB29爆撃機が下町の人口密集地を中心に、約1700トンの焼夷弾を投下。一夜で約10万人を焼死させました。こうした空襲は全国各地でおこなわれたのです。これによる死者は20万人を超え、国宝級の文化財は、約9割が焼失したともいわれています。

1945（昭和20）年3月に硫黄島《いおうとう》を占領したアメリカは、同年4月、とうとう沖縄本島に上陸するのです。

鈴木貫太郎内閣（1945年4月〜8月）

アメリカ軍による沖縄上陸の直後、小磯國昭内閣は退陣し、**鈴木貫太郎《かんたろう》**が首相となります。

沖縄戦は熾烈《しれつ》を極めました。アメリカ軍は、火焔《かえん》放射器による徹底した掃討《そうとう》作戦をおこなったため、一般住民にも大きな被害が出ました。沖縄戦の日本側の死者は、軍人9万人余りに対して、一般住民が約10万人。人口60万人の沖縄県民のうち、沖縄出身の軍人も含めると、実に5分の1に当たる12万人もの人々が犠牲になったのです。

1945年5月、ドイツが無条件降伏します。イタリアはすでに1943年に降伏していたので、日本は完全に孤立することとなりました。

3か月の戦闘の末、6月には、沖縄がアメリカ軍に占領されてしまいます。

7月には、**ポツダム宣言**が発表され、日本に無条件降伏を勧告します。しかし、本土決戦を主張する軍部の発言力は大きく、日本側は態度を決めかねていました。

アメリカは、ソ連の力を借りて日本本土に上陸するよりも、**原子力爆弾**を投下し、単独で日本を降伏させた方が、戦後、日本における発言力が強くなると考えました。そこで、アメリカは、8月6日広島に、8月9日長崎に原子力爆弾を投下。これにより、一瞬にして20万人以上の一般市民が犠牲となります。

8月8日には、ソ連が日ソ中立条約を無視して日本に宣戦布告。満州や朝鮮に侵攻します。陸軍は本土決戦を主張しましたが、昭和天皇の「御聖断《ごせいだん》」によりポツダム宣言の受諾が決定し、8月14日、日本政府はこれを受諾《じゅだく》することを連合国側に通告します。

そして、翌8月15日正午、天皇のラジオ放送（玉音放送）で戦争終結が全国民に発表され、日本は**終戦**を迎えたのです。

説明できますか?

日本人として知っておきたい日本史「超常識」ワード

左にある用語を見て、右の説明文がスラスラ言えれば、日本人として「合格」です!
詳しい内容は、該当ページにジャンプ!

※がついている単語は、本文内で太字で記している
キーワードに加えて知っておきたい常識ワードです。

あ

い

く

け

き

さ

こ

し

に

な

お知らせ！

金谷俊一郎先生が YouTube「かなや放送」を開設されました。日本史の勉強法や参考書の使い方、受験生や卒業生の進路などの相談を放送する YouTube チャンネルです。本書をはじめとするご著書に関する自作解説や、「朗読むすめ」による著書朗読も。受験生はもちろん、大人の学びなおしにも最適な日本史の動画コンテンツです。ぜひ、ご覧ください！

https://www.youtube.com/channel/UC7-LptSjwFKrtwuBrzsXKgA

本書は2014年3月にPHP研究所より刊行された『日本人なら知っておきたい　日本史の授業』を文庫にしたものです。

一〇〇字書評

切り取り線

購買動機（新聞、雑誌名を記入するか、あるいは○をつけてください）	
□（　　　　　　　　　　　　）の広告を見て	
□（　　　　　　　　　　　　）の書評を見て	
□ 知人のすすめで	□ タイトルに惹かれて
□ カバーがよかったから	□ 内容が面白そうだから
□ 好きな作家だから	□ 好きな分野の本だから

●最近、最も感銘を受けた作品名をお書きください

●あなたのお好きな作家名をお書きください

●その他、ご要望がありましたらお書きください

住所	〒				
氏名		職業		年齢	
新刊情報等のパソコンメール配信を 希望する・しない	Eメール	※携帯には配信できません			

あなたにお願い

この本の感想を、編集部までお寄せいただけたらありがたく存じます。今後の企画の参考にさせていただきます。Eメールでも結構です。

いただいた「一〇〇字書評」は、新聞・雑誌等に紹介させていただくことがあります。その場合はお礼として特製図書カードを差し上げます。

前ページの原稿用紙に書評をお書きの上、切り取り、左記までお送り下さい。宛先の住所は不要です。

なお、ご記入いただいたお名前、ご住所等は、書評紹介の事前了解、謝礼のお届けのためだけに利用し、そのほかの目的のために利用することはありません。

〒一〇一‐八七〇一
祥伝社黄金文庫編集長　萩原貞臣
☎〇三（三二六五）二〇八四
ohgon@shodensha.co.jp

祥伝社ホームページの「ブックレビュー」からも、書けるようになりました。
www.shodensha.co.jp/bookreview

祥伝社黄金文庫

日本人《にほんじん》なら知《し》っておきたい　日本史《にほんし》の授業《じゆぎよう》

令和3年12月20日　初版第1刷発行

著　者　金谷《かなや》　俊一郎《しゆんいちろう》

発行者　辻　浩明

発行所　祥伝社《しようでんしや》

〒101－8701

東京都千代田区神田神保町3－3

電話　03（3265）2084（編集部）

電話　03（3265）2081（販売部）

電話　03（3265）3622（業務部）

www.shodensha.co.jp

印刷所　萩原印刷

製本所　積信堂

　ISBN978-4-396-31818-5 C0121